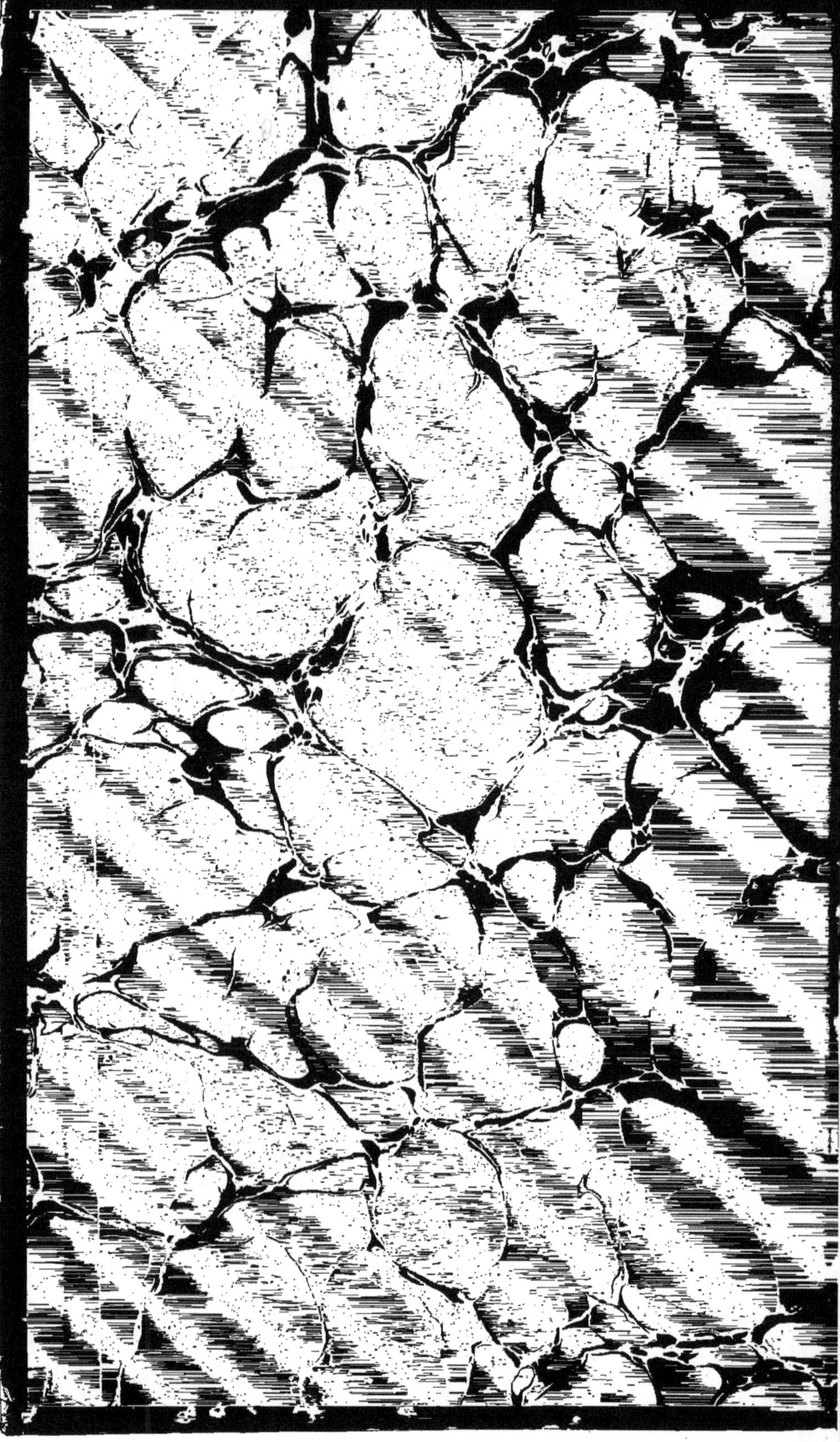

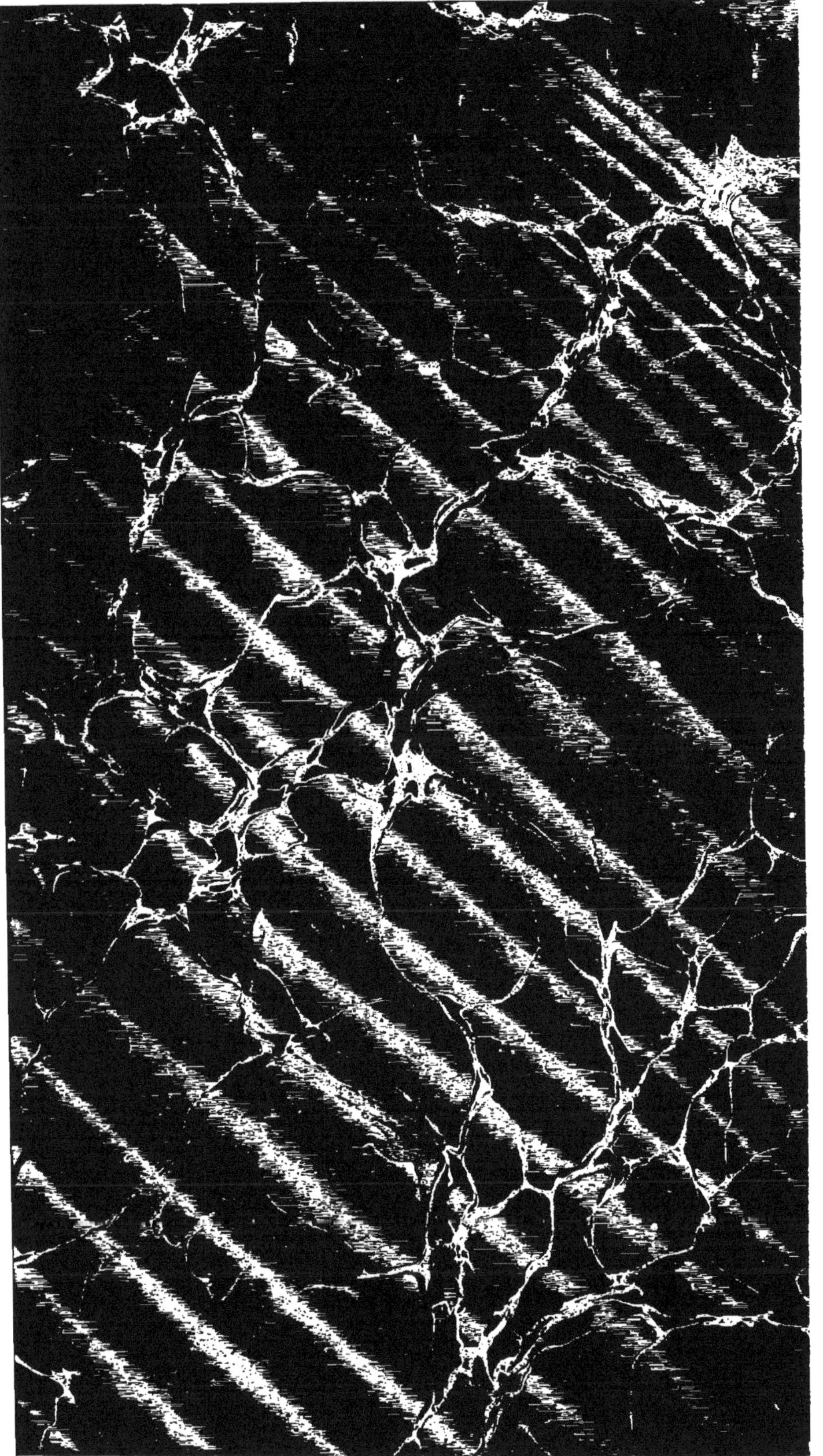

GUERRE
FRANCO-ALLEMANDE

RÉSUMÉ ET COMMENTAIRES

PARIS. — IMPRIMERIE L. BAUDOIN ET Ce, RUE CHRISTINE, 2.

GUERRE
FRANCO-ALLEMANDE

RÉSUMÉ ET COMMENTAIRES
DE L'OUVRAGE DU GRAND ÉTAT-MAJOR PRUSSIEN

PAR

Félix BONNET
CHEF D'ESCADRON D'ARTILLERIE

TOME DEUXIÈME
ACCOMPAGNÉ DE QUATRE PLANCHES

PARIS
LIBRAIRIE MILITAIRE DE J. DUMAINE
LIBRAIRE-ÉDITEUR
L. BAUDOIN & Cᵉ, Successeurs
30, RUE ET PASSAGE DAUPHINE, 30

1882

LA

GUERRE FRANCO-ALLEMANDE

RÉSUMÉ ET COMMENTAIRES

DE L'OUVRAGE DU GRAND ÉTAT-MAJOR ALLEMAND

CHAPITRE PREMIER

RETRAITE DU 13e CORPS. — MARCHE SUR PARIS.

Le 13e corps à Mézières.

Le 16 août un décret avait ordonné la formation du 13e corps sous les ordres du général Vinoy; il comprenait trois divisions commandées par les généraux Blanchard, de Maud'huy et d'Exéa. Nous avons déjà vu que le 12e corps avait été composé de troupes d'origines diverses et sans consistance, à plus forte raison en était-il de même pour le 13e. On avait réuni les quatrièmes bataillons de plusieurs régiments et on les avait groupés trois par trois. Chacun de ces groupes formait un régiment de marche. La division d'Exéa comprenait les 5e, 6e, 7e et 8e régiments de marche, la division de Maud'huy les 9e, 10e, 11e et 12e de marche; la division Blanchard les 13e et 14e de marche formant une brigade; l'autre brigade était composée du 35e et du 42e régiment de ligne, c'était la seule force solide du corps d'armée. On eut toutes les peines du monde à réunir tous ces éléments et surtout à organiser les états-majors et les services accessoires. Le 25 août, la division d'Exéa était prête et recevait l'ordre de se rendre à Reims pour conserver les communications entre Paris et l'armée de Mac-Mahon. Arrivé à Reims, le général ordonnait quelques mesures défensives et envoyait un détachement garder la ville de Rethel.

Les deux autres divisions enfin constituées reçurent le 29 au soir l'ordre de se rendre à Mézières. La première brigade de la division Blanchard y arrivait dans la soirée du 30, suivie bientôt par l'état-major général. La 2e brigade n'arrivait que dans la soirée du 31.

Le général Vinoy descendu à la préfecture trouva les esprits inquiets. Il passa la journée du 31 à prendre des renseignements et à envoyer des reconnaissances.

On lui apprit qu'un combat avait eu lieu le 30, sans qu'on pût lui en dire le résultat, tant était grand le désordre qui régnait dans les administrations. La ville de Mézières était une ancienne place incapable de se défendre sérieusement contre l'artillerie moderne. Elle n'était gardée que par le dépôt du 6e de ligne et ne possédait que 100,000 cartouches. Sur les remparts rien n'était prêt pour la défense.

Dans les troupes du corps d'armée, la plupart des hommes n'avaient jamais touché de fusil; presque aucun ne connaissait le maniement du chassepot; aucun n'avait tiré à la cible.

Toute cette journée du 31 se passa dans l'inquiétude; les reconnaissances avaient rencontré l'ennemi et avaient donné l'alarme à ces troupes trop inexpérimentées. Néanmoins le général Vinoy parvint à faire couper le pont de Flize sur la Meuse entre Sedan et

Mézières. Il priva ainsi l'ennemi d'un moyen de passage pour la journée du lendemain. Le soir la 2e brigade de la division Blanchard arriva; en même temps l'aide de camp, capitaine de Sesmaisons, qui avait été envoyé à Sedan, en revenait avec les nouvelles les plus alarmantes. Il avait vu l'empereur et le maréchal, il avait vu de tous côtés des fuyards, des bandes indisciplinées et en désordre, des canons abandonnés. On avait, en outre, entendu dans la soirée la canonnade de Bazeilles.

Deux partis à prendre se présentaient à l'esprit du général Vinoy; fallait-il se porter au secours de Mac-Mahon en culbutant les troupes ennemies qu'il avait devant lui; ou bien devait-il s'en tenir à la lettre de ses instructions qui lui disaient : Votre rôle n'est pas de combattre, mais d'inquiéter l'ennemi par votre présence ? C'est ce dernier parti que prit le général.

Le lendemain 1er septembre, la canonnade intense mit tout le monde sur pied; la division prit les armes, prête à combattre. Vers dix heures, la canonnade paraissant s'éloigner, le général Vinoy ordonna de se porter en avant pour tâcher de rabattre les troupes wurtembergeoises que l'on avait devant soi, mais devant l'attitude résolue de ces troupes il ordonna la retraite.

Déjà de tous côtés arrivaient des fuyards. Cavaliers, fantassins, artilleurs débouchaient par toutes les routes, disant que l'on était battu. L'on apprit qu'un corps prussien avait passé la Meuse dans la nuit et cerné l'armée de Mac-Mahon. Enfin le colonel Tissier de l'état-major du maréchal arriva et donna des nouvelles plus précises; il annonça qu'avant la fin du jour l'armée française serait détruite.

Retraite du 13e corps.

Le général Vinoy envoya de suite à la division de Maud'huy, qui était encore à Laon, l'ordre de rétrograder par la voie ferrée et à la division Blanchard de se diriger pendant la nuit sur Rethel pour y rallier la division d'Exéa. Les fuyards furent dirigés vers le nord par Maubert-Fontaine et Hirson.

La marche sur Rethel fut entamée pendant la nuit. Un des régiments de la brigade Guilhem était à l'avant-garde, l'autre à l'arrière-garde; c'étaient les seules troupes en qui l'on pût avoir confiance, elles encadraient toute la foule du corps d'armée. Arrivés à 10 kilomètres de Rethel, on rencontra les Prussiens; le général d'Exéa avait rappelé le détachement qui occupait cette ville et l'ennemi y était entré; on se détourna alors à gauche pour marcher sur Ecly.

Pendant ce temps les éclaireurs des 5e et 6e divisions de cavalerie avaient signalé la marche du général Vinoy et en avaient informé la 12e division qui était à Rethel et le commandant du VIe corps. La cavalerie se mettait à la poursuite et les obus d'une batterie à cheval atteignaient les Français dans Saulces au moment où les têtes de colonne venaient de quitter la route de Rethel pour se diriger sur Ecly.

Le général Vinoy déployait aussitôt son arrière-garde et l'appuyait à propos de toute son artillerie. Cette sage précaution arrêtait la poursuite. Bientôt le général apprenait qu'il avait été devancé à Ecly; il obliquait alors sur Novion-Porcien où il arrivait dans la soirée et établissait son bivouac.

Pendant ce temps la 12e division ennemie s'était

concentrée à Rethel et, renseignée par sa cavalerie, prenait ses dispositions pour attaquer Novion-Porcien le lendemain à la pointe du jour. La pluie torrentielle qui tombait ralentissait la poursuite; mais elle rendait aussi la retraite plus lente. Néanmoins, dès le 3 au matin, l'ennemi marchait à l'attaque de Novion-Porcien. Mais il le trouvait évacué. Les Prussiens y entraient sans obstacle à 9 heures et demie.

Sur ces entrefaites les deux divisions de cavalerie et la 12e division d'infanterie recevaient l'ordre de cesser la poursuite, et de se rabattre vers le sud, la présence de fortes troupes étant signalée à Reims. La cavalerie cessait aussitôt de se porter en avant, mais la 12e division essayait une dernière fois d'atteindre nos colonnes.

Le général Vinoy, dans le danger pressant où il se trouvait, avait exécuté une marche de nuit. Il atteignait de bonne heure Chaumont-Porcien, où il se reposait quelques heures. Les habitants prodiguaient les secours à nos soldats affamés, exténués de fatigue, et trempés jusqu'aux os. Au bout de quelques heures on reprenait la marche; mais le chemin de Rosoy-sur-Serre étant défoncé par les pluies, on se rabattait vers le sud sur Seraincourt. Au même instant l'ennemi marchait vers le nord sur Chaumont-Porcien et les deux colonnes n'étaient séparées que par les hauteurs de la rive orientale du ruisseau de Saint-Fargeux. Enfin dans la journée même la division Blanchard atteignait à Montcornet la route de Laon après deux nuits et deux jours de marche continuelle sous une pluie battante, sur un sol détrempé. D'autre part l'ennemi entrait à Chaumont-Porcien et cessait sa poursuite.

Ce jour-là, la division d'Exéa était à Soissons, la division de Maud'huy à Laon. Le 4 septembre la retraite se poursuivait sur Marle. Ce jour même le général Vinoy recevait un télégramme qui lui annonçait une révolution à Paris et lui enjoignait d'y ramener son corps d'armée pour se mettre à la disposition du gouvernement. La division de Maud'huy prenait alors le chemin de fer à Laon. Les deux divisions d'Exéa et Blanchard rétrogradaient les jours suivants en employant les lignes de Tergnier et de Soissons.

Marche des Allemands sur Paris.

A la suite du VIe corps chargé de la poursuite du général Vinoy, les armées ennemies s'ébranlaient à leur tour. Un ordre daté du midi 3 septembre prescrivait la marche sur Paris. Les derniers événements avaient amené l'armée de la Meuse à la gauche de la IIIe armée. Le premier soin de l'état-major était de la replacer à sa droite pour éviter sur les derrières le croisement des lignes d'étapes affectées à chacune d'elles. L'armée de la Meuse devait par suite marcher sur Paris en employant les routes au nord de la Marne, tandis que le Prince Royal utiliserait celles du sud; la route de la vallée formait la séparation des deux armées, elle était suivie par l'aile droite du Prince Royal.

Le Ier corps bavarois et le XIe prussien étaient laissés autour de Sedan; la 6e division de cavalerie était rendue à l'armée de la Meuse. A la suite de ces changements, la marche s'effectuait au sud de la Marne par les Ve et VIe corps prussiens et le IIe bavarois précédés de la 2e division de cavalerie; au nord de la Marne par la Garde, le IVe et le XIIe corps précédés par les 5e et 6e divisions de cavalerie. La certitude de ne rencontrer aucune résistance jusques sous les murs de Paris permettait de s'étendre sur un très grand front. Le mouvement s'exécutait sans obstacle du 5 au 16 septembre, jour où l'ennemi arrivait sous les murs de Paris. La IIIe armée occupait pendant la marche un front d'environ 50 kilomètres ; la longueur de ses étapes variait de 20 à 25 kilomètres. Les troupes avaient environ un jour de repos sur quatre. L'armée de la Meuse avait marché sur un front d'environ 40 kilomètres, faisant des étapes dont la moyenne ne dépassait guère 20 kilomètres ; mais les troupes n'avaient eu qu'un seul jour de repos.

La division wurtembergeoise était restée à Reims pour assurer les communications que les troupes d'étapes ne pouvaient plus protéger. Pour hâter le moment où cette division pourrait participer au siège de Paris, on ordonnait de faire partir de Metz le XIIIe corps, récemment arrivé, dont une division se porterait sur Reims et Châlons, tandis que l'autre serait dirigée sur Toul.

Bien que la marche sur Paris se fût effectuée sans obstacle sérieux, il est cependant nécessaire de rapporter ici quelques épisodes secondaires.

Bombardement de Montmédy.

Dès le 4 septembre, l'ennemi avait tenté d'enlever Montmédy qu'il supposait peu occupé. Un détachement de la Garde composée de la 2e brigade d'infanterie, 6 escadrons de cavalerie, une compagnie du génie, l'artillerie de la 1re division et l'artillerie de corps était pour cette opération mis sous les ordres du général major prince de Hohenlohe. Les troupes, parties un peu après minuit, arrivaient à Thonnelle à 6 heures du matin et se déployaient immédiatement. Une partie traversait le bois de Géranvaux et prenait position au delà sur le flanc droit des troupes : une autre partie protégeait le front sur les hauteurs, entre les routes de Montmédy et de Fresnoy ; une troisième fraction couvrait le flanc gauche entre le grand et le petit Verneuil. L'artillerie prenait position sur cette ligne, les batteries lourdes contre le front nord de la ville, les batteries légères contre le front ouest. Le feu commençait à 9 heures et demie. La place ne ripostait qu'au feu des batteries établies à Thonnelle, mais sans succès. Au bout de deux heures des incendies se propageaient dans la ville. On cessait alors le feu. Pendant ce temps on avait reçu du commandant de la place l'avis qu'il tirerait sur tout parlementaire prussien. L'ennemi envoyait alors le maire de Thonnelle pour négocier avec la place. Mais celui-ci ne revenait pas. Le bombardement reprenait alors. Mais au bout d'une heure son évidente inutilité forçait l'ennemi à y renoncer. Il avait lancé 3,812 obus, et détruit près de la moitié de la ville; il avait perdu 4 hommes et 6 chevaux. La place avait eu 3 morts et 19 blessés.

Ce bombardement avait été soutenu par une compagnie du 57ᵉ de ligne, le 3ᵉ bataillon de la garde mobile de la Meuse, 1 batterie de la garde mobile sans instruction, une section d'infirmiers et d'ouvriers d'administration. L'armement de la place était de 65 bouches à feu, dont 8 rayées. Trois seulement, 1 de 24 et 2 de 12, avaient répondu à l'ennemi.

Entrée de l'ennemi à Reims. — Capitulation de Laon.

Si les Allemands croyaient que le désastre de Sedan avait détruit toute idée de résistance, la conduite de cette petite place, abandonnée avec d'aussi faibles ressources, trois jours après la bataille, devait les détromper. D'autres signes non moins irrécusables venaient pendant la marche leur montrer que la nation tout entière se soulevait contre les envahisseurs, et que la guerre était loin d'être à son terme. Dans la matinée du même jour, une patrouille de dragons pénétrait dans la ville de Reims. Environnée par une foule furieuse, elle était forcée de se faire jour à travers les coups de feu ; et lorsque les escadrons qui précédaient l'infanterie de la 12ᵉ division entraient à leur tour dans la ville, ils recevaient plusieurs coups de fusil. Sur les murs s'étalait une proclamation des ministres appelant le pays à la défense du territoire. Les populations rurales étaient peut-être encore plus hostiles que celles des villes. A hauteur de Lavanne il fallait employer le canon pour disperser les rassemblements de paysans armés.

Le 6 septembre une patrouille de 30 uhlans s'engageait dans la ville de Laon ; à peine entrée, les portes se refermaient sur elle et elle était assaillie par un feu très vif de mousqueterie. Cependant elle parvenait à se faire jour en laissant trois blessés. Le lendemain, la 6ᵉ division de cavalerie arrivait sous les murs de la place au village de Saint-Quentin, et envoyait un parlementaire au général Théremin pour le sommer de se rendre. Celui-ci demande le temps de la réflexion. Le lendemain, la sommation est renouvelée, et le général demande un nouveau délai de 24 heures.

Le lendemain, 9, il se déclare prêt à remettre la ville et le matériel entre les mains de l'ennemi. Le duc Guillaume de Mecklenbourg-Schverin entre alors dans la place. Un bataillon de chasseurs occupe les portes de la ville, et une de ses compagnies pénètre dans la cour de la citadelle où étaient rangés 2,000 hommes de garde mobile et quelques soldats du 55e régiment d'infanterie qui mettent bas les armes. Leurs derniers rangs quittaient à peine la citadelle, que deux effroyables détonations retentissent coup sur coup. Une épaisse fumée enveloppe la ville qu'épouvantent les cris des blessés, et le bruit des murs qui, s'écroulant avec fracas, mêlent à la fumée la poussière de leurs décombres. Le jour se fait enfin et l'on constate que la poudrière a sauté en détruisant une partie de la citadelle et des quartiers voisins. Les Français perdaient 300 hommes ; les Prussiens 42 morts et 72 blessés. Parmi eux se trouvait le général Théremin qui succombait plus tard à ses blessures. Le garde d'artillerie Henriot, outré de voir la place se rendre sans défense, et ne voulant pas survivre à cet acte, s'était rendu dans le magasin à poudre et avait tâché d'ensevelir avec lui le plus grand nombre possible d'ennemis.

Arrivée des Allemands sous Paris.

Le 14 septembre, la 7e division sommait inutilement la place de Soissons de capituler, après avoir échangé avec elle quelques coups de canon.

Dans toute la région entre la Seine et l'Yonne le IIe corps bavarois avait été en butte aux entreprises de corps francs très hardis qui surgissaient de tous côtés. A chaque instant, des patrouilles de cavalerie étaient surprises et enlevées; à Nangis, à Rubelles avaient lieu de petits engagements. En arrivant sous Paris, l'ennemi était donc bien prévenu que la résistance n'était encore qu'à son début.

Le 16 septembre, ses troupes occupaient les positions suivantes : le quartier général du Prince Royal à Coulommiers; le VIe corps à Meaux, Lagny, Montevrain et Chessy ; le Ve à Tournan et Fontenay, Ouzouer-la-Ferrière et Chevry; le IIe corps bavarois à Moissy-Cramayel, Lieusaint, et Saint-Germain-lès-Corbeil ; la 2e division et cavalerie à Brie-Comte-Robert et Villeneuve-Saint-Georges. Une patrouille s'était avancée jusqu'à Limeil et avait refoulé un parti de cavalerie du carrefour Pompadour à Maisons-Alfort. Le quartier général du Prince Royal de Saxe était le même jour à Crouy-sur-Ourcq ; le IVe corps à Nanteuil-le-Haudoin, la Garde à Acy-en-Multien ; le XIIe corps à Lizy-sur-Ourcq ; la 6e division de cavalerie à Beaumont-sur-Oise, ses patrouilles arrivant jusques à Saint-Brice et Ecouen; la 5e division à Dammartin. Le roi établissait son quartier à Meaux.

Pendant ce temps les corps laissés autour de Sedan avaient terminé l'évacuation des prisonniers. L'Empereur était parti pour résider au château de Wilhelmshöhe; le maréchal de Mac-Mahon était autorisé à attendre sa guérison à Pouru-aux-Bois. Les prisonniers, restés pendant plusieurs jours en proie aux plus cruelles privations dans la presqu'île d'Yges, avaient été dirigés sur l'Allemagne, le champ de bataille déblayé et le matériel mis en ordre. Le typhus avait fait son apparition parmi les troupes. Celles-ci s'étaient ensuite mises en marche ; et le 15 septembre, le XIe corps était à Epernay, le Ier corps bavarois à Reims, la 4e division de cavalerie à Nangis.

CHAPITRE II.

ÉVÉNEMENTS SURVENUS A PARIS A LA SUITE DE LA BATAILLE DE SEDAN. — ORGANISATION DE LA DÉFENSE.

Ce ne fut que dans la soirée du 3 septembre que Paris eut quelques renseignements certains sur la journée néfaste qui venait de s'inscrire dans nos annales. Dans la nuit du 3 au 4, le gouvernement annonça officiellement le désastre. Le Corps législatif fut réuni immédiatement. Malgré quelques efforts courageux pour éviter la désorganisation dans un moment si critique, l'édifice impérial tomba comme un château de cartes; tant il était ruiné dans l'opinion publique. Il n'y eut aucune tentative de résistance de la part des ministres et l'impératrice quitta les Tuilerie en déclarant noblement qu'elle préférait l'exil à la guerre civile en présence de l'ennemi. Des deux côtés nul ne songea à pactiser avec l'envahisseur. En présence de l'étranger tous les ressentiments s'unirent pour la défense de la patrie et tous se préparèrent à lutter jusqu'à l'épuisement de toutes ressources. Un gouvernement provisoire fut constitué sous la présidence du général Trochu, nommé gouverneur de Paris par décision impériale. M. Gambetta fut nommé ministre de l'intérieur; M. Jules Favre, ministre des affaires étrangères. Le premier écrivait le jour même aux préfets : « Notre nouvelle république est un gouvernement de défense nationale, de lutte à outrance contre l'envahisseur. » Le second écrivait aux représentants de la France à l'étranger le mot demeuré célèbre : « Nous ne céderons ni un pouce de notre territoire, ni une pierre de nos forteresses. » Quant à la population, elle courait au devant des sacrifices avec le dévouement le plus absolu, l'abnégation la plus complète.

Approvisionnements de Paris.

Déjà le ministère du comte de Palikao avait pris les premières mesures pour mettre Paris en état de défense. Pendant les 24 jours de sa durée il déploya une activité, une énergie, une intelligence à hauteur de la situation. Le gouvernement du 4 septembre n'eut qu'à continuer son ouvrage.

L'état-major allemand ne donne que quelques détails très sommaires sur l'organisation de la défense. Mais, comme c'est là une opération colossale sans aucun précédent dans les annales militaires, on nous saura gré d'en esquisser à grands traits les lignes principales et de montrer à quels immenses besoins il fallait suffire et les moyens employés pour y subvenir. On sera frappé sans doute de l'immensité du travail accompli, de l'énergie et de l'intelligence avec lesquelles il a été conduit.

Organisation et composition des troupes de la défense. — Troupes de ligne.

Le comité de défense avait fixé à 850 hommes par bastion de l'enceinte et à 500 hommes par chaque bastion des forts, l'effectif nécessaire pour la défense. Cela faisait 80,000 hommes pour l'enceinte et 40,000 pour les forts. L'artillerie réclamait un minimum de 3 canonniers par bouche à feu, ce qui donnait 7,500 hommes. Il fallait de plus une armée d'au moins 40,000 hommes pour tenir la campagne. La défense exigeait donc 170,000 hommes environ de bonnes troupes.

On était loin de pouvoir réunir une armée semblable. Les soldats ne manquaient pas; mais les bons soldats manquaient. Nous avons vu quelle était la composition du 13e corps, dans lequel six régiments étaient composés d'hommes, les uns n'ayant jamais eu d'armes entre les mains, les autres n'ayant jamais tiré à la cible, les meilleurs ignorant l'usage du chassepot. Outre le 13e corps, on avait le 14e primitivement destiné à l'armée du Rhin et que l'on avait retenu à Paris. Comme le 13e corps, il fut formé de trois divisions. Ces régiments furent formés avec des bataillons existant déjà. Ces deux corps mettaient en ligne environ 50,000 fantassins.

Six nouveaux régiments de marche furent formés au moyen de compagnies de dépôt appartenant à divers régiments et de débris échappés de Sedan, de quelques hommes rappelés et d'engagés volontaires. La réunion de six compagnies formait un bataillon et trois bataillons un régiment. On eut le tort, en constituant ces régiments, de laisser chaque compagnie s'administrer au titre de son ancien corps, ce qui produisit une incroyable complication de situations et des pièces de comptabilité. On forma par le même procédé 3 bataillons de chasseurs.

La gendarmerie à pied et la garde républicaine donnèrent 3000 hommes; les gardiens de la paix 3500; les douaniers, les gardes forestiers, les sapeurs pompiers environ 5000. Enfin la marine avait fourni 5300 hommes d'infanterie et 10,600 matelots et canonniers.

Toutes ces forces réunies formaient un total de 75,000 hommes dont un tiers à peine était capable de paraître au feu.

On avait en outre une division de cavalerie, la division Champeron formée de deux brigades qui s'étaient repliées sur Paris à l'approche de l'ennemi après une reconnaissance sur Meaux. En dehors de cette division on forma la brigade de Bernis à 3 régiments de marche, et un régiment de gendarmerie sous les ordres du colonel Allavène.

L'artillerie des 13e et 14e corps ne comptait que sept batteries anciennes. Toutes les autres, au nombre de 23, avaient été improvisées soit complètement, soit avec des fractions de batteries. D'autres batteries furent organisées avec des officiers échappés de Sedan, des officiers d'artillerie de marine, des officiers retraités ou démissionnaires, des ingénieurs, des élèves des écoles. Les sous-officiers furent pris parmi les maréchaux de logis devenus gendarmes, douaniers, forestiers, gardiens de la paix. On arriva ainsi à se procurer pour la fin du siège jusqu'à 93 batteries auxquelles se joignaient 16 batteries d'artillerie de marine, 15 batteries de la garde mobile portèrent le total à 124. Toutes étaient complètement armées et pourvues de tous leurs accessoires.

On avait deux compagnies de pontonniers ; on leur adjoignit deux compagnies de pontonniers de la garde mobile du Rhône, et les pontonniers auxiliaires de la marine.

On avait six compagnies du génie ; on en créa trois nouvelles. Le génie trouva d'ailleurs de nombreux auxiliaires.

Une loi du 10 août avait appelé sous les drapeaux pour la durée de la guerre tous les hommes mariés ou veufs sans enfants âgés de 25 à 35 ans, et qui ayant satisfait à la loi du recrutement ne figuraient pas sur les contrôles de la garde mobile. Ces hommes eussent fourni une ressource précieuse de 60 à 70,000 anciens soldats; mais on ne sut pas s'en servir. Un décret du gouvernement prescrivit de les incorporer dans la garde nationale. Ces hommes qui, réunis, eussent formé une très bonne troupe, furent ainsi noyés dans un milieu où leurs bonnes qualités ne pouvaient servir à rien.

Garde mobile.

La garde mobile venait à l'appui de l'armée active. Fondée en 1868 par le maréchal Niel, cette institution, qui eût pu nous fournir de quoi résister à l'ennemi, avait été complètement négligée à cause de la violence avec laquelle l'opposition s'était manifestée contre elle et de l'insuffisance des crédits alloués par le Corps législatif. On s'était contenté de nommer quelques officiers et d'organiser tant bien que mal les gardes mobiles des départements de l'Est. A Paris seulement on avait fait quelques simulacres d'instruction. Dans les départements rien n'avait été fait. Ceux dont l'opposition a ainsi rendu vains les efforts de l'illustre maréchal, qui ont détruit dans leur germe les forces dont sa sage prévoyance voulait doter la patrie, ont dû verser des larmes bien amères sur leur triste aveuglement. Ils ont dû se dire que l'invasion, les incendies, les bombardements, la patrie morcelée, tant de soldats laissés sur les champs de bataille, tant d'autres morts dans les hôpitaux, l'énorme rançon payée à nos vainqueurs, la perte de deux provinces, que tous ces malheurs enfin sous le poids desquels nous sommes encore courbés, ont eu pour cause première leur obstination à priver la France de défenseurs. Ils ne se rendaient sans doute pas compte de la puissante organisation de nos ennemis; ils ne voyaient pas qu'en refusant au gouvernement qu'ils détestaient l'armée qu'il demandait, cette armée manquerait un jour, non pas au gouvernement mais au pays. Aujourd'hui les événements nous ont instruits, et ces mêmes hommes qui s'oppcsaient à l'institution de la garde mobile ont établi le service obligatoire, corollaire du suffrage universel. Pourquoi a-t-il fallu que ce fût au prix de tant de malheurs que la lumière se fît?

Telle quelle, l'institution du maréchal Niel nous a permis de continuer la lutte longtemps après l'effondrement de toutes les troupes actives. Dès nos premiers désastres on se mettait à l'œuvre. En dix-huit jours, M. Chevreau, ministre de l'intérieur, grâce à une activité prodigieuse, réunit les mobiles de 14 divisions militaires, les loge, les nourrit et les équipe provisòirement d'une blouse, d'un képi, d'un ceinturon et d'une cartouchière. Tous les arsenaux furent vidés. Le 1er septembre, 150,000 hommes étaient sous les armes et le même jour 100,000 d'entre eux étaient appelés à Paris.

Ces 100,000 hommes furent partagés en quatre groupes, commandés par des officiers généraux. Dans chaque groupe trois bataillons formèrent un régiment.

Le 1er groupe avait pour commandant en chef le général de Liniers, au quartier général de l'Elisée ; le 2e groupe le général de Beaufort d'Hautpoul, au quartier général du Palais-Royal ; le 3e le général Berthaut, au quartier général du Conservatoire des Arts-et-Métiers ; le 4e le général Corréard, au quartier général du Luxembourg.

Tous ces soldats, jeunes et inexpérimentés, laissés souvent oisifs par le service, encombraient les boulevards et les cafés et se livraient à toutes sortes d'excès. Une mesure des plus funestes ouvrit la voie à de nouveaux désordres. Un décret du 16 septembre, rendu malgré les protestations du général Trochu et du ministre de la guerre, ordonna que tous les officiers de la garde mobile seraient nommés à l'élection, et le 19 septembre les élections avaient lieu pendant que l'on se battait à Châtillon. Elles se renouvelèrent ensuite à chaque vacance, et furent une cause de scandales de toutes sortes ; on achetait les grades par la corruption, par la faiblesse et presque jamais par de bons services. Néanmoins dans quelques bataillons l'élection ne fit que confirmer les officiers déjà nommés. Mais les choix devenant de plus en plus mauvais, la nomination des officiers fut rendue au pouvoir exécutif par décret du 19 décembre annulant celui du 16 septembre.

En dehors des 100,000 hommes d'infanterie, la garde mobile fournit encore 15 batteries qui furent utilement employées pour la défense.

Garde nationale.

Un troisième élément venait apporter sa faiblesse plutôt que sa force à la défense, c'était la garde nationale. Sous l'Empire cette garde avait été choisie homme par homme, les officiers nommés par l'Empereur. Le gouvernement regardait cette institution avec une défiance que justifiait son passé et que l'avenir devait justifier mieux encore. Une loi du 12 août 1870 portait de 51 à 60 le nombre des bataillons. Le

6 septembre une circulaire du ministre de l'intérieur prescrivit de créer 60 nouveaux bataillons à l'effectif de 1,500 hommes. Dans chaque mairie une commission de 16 citoyens devait, sans s'astreindre à aucune formalité, arrêter la liste des gardes nationaux. Dès le premier jour les intentions de la circulaire furent regardées comme lettre morte. Au lieu de 120 bataillons on en eut bientôt 260. Il y eut des bataillons de 350 hommes et d'autres de 2,600. Dans cette foule armée, plus de 40,000 hommes et 1,800 officiers avaient des antécédents judiciaires. Près de 25,000 étaient des repris de justice. Le ministre de la guerre présenta des observations; elles ne furent pas écoutées, et il fallut remettre des armes entre des mains qui en ont fait plus tard un si criminel usage. Telle quelle, la garde nationale fournit plus de 300,000 hommes qu'on ne put jamais employer qu'à la garde des remparts. Quand on voulut envoyer des bataillons au feu, les uns, formés d'hommes honnêtes, sages, bien commandés, désolèrent les troupes par leur inexpérience, par leurs feux nocturnes, sans motifs; les autres lâchèrent pied honteusement avant d'avoir vu l'ennemi. A l'intérieur ils donnaient l'exemple de l'indiscipline et de l'ivrognerie. Seuls, les bataillons formés par les administrations publiques, la Banque, les postes, etc., firent un service régulier et donnèrent sous la Commune des preuves de courage et de dévouement.

La garde nationale possédait en outre une légion de cavalerie qui fut employée à l'intérieur de la ville et un corps de neuf batteries d'artillerie qui rendirent des services sur le rempart pendant le bombardement.

En dehors de toutes ces troupes s'étaient formés des corps francs. L'engouement pour ces corps fut tel que l'on fut obligé de mettre obstacle à leur création. Un certain nombre furent reconnus par le ministère de la guerre. Il y avait 33 corps d'infanterie reconnus, 3 de cavalerie, 20 d'artillerie et 4 du génie. Les corps de cavalerie et en particulier les éclaireurs à cheval du commandant Franchetti rendirent de grands services. Il en fut de même des corps d'artillerie et notamment du corps des mitrailleuses, commandant Pothier, qui organisa les batteries de mitrailleuses et celles de 7. Parmi les corps du génie, deux rendirent les services les plus éminents à la défense. Ce sont le corps auxiliaire du génie sous les ordres de M. Alphand et de M. Viollet-le-Duc et les ouvriers auxiliaires du génie sous les ordres de l'ingénieur en chef Ducros. Solidité au feu, dévouement à l'épreuve de toutes les fatigues, initiative résolue, habileté à se tirer des tâches les plus imprévues et les plus difficiles, furent le caractère permanent de ces deux troupes.

Artillerie de la défense.

Il ne suffisait pas de s'occuper des troupes, il fallait songer à l'immense matériel à rassembler, aux travaux de toute nature à exécuter, aux approvisionnements de toute espèce à constituer. Nous donnerons une idée sommaire de ce qui a été fait.

L'armement de Paris se composait de 658 pièces appartenant à l'armement de sûreté, qui était toujours réuni dans les forts. L'armement de défense ne s'y trouvait qu'en partie; il se composait de 650 pièces de siège ou de place et de 192 pièces de campagne, ce qui portait l'armement total à 1,500 pièces. On tira de tous les arsenaux tant de l'armée que de la marine. Les arrivages se succédèrent sans interruption et le jour de l'investissement, Paris possédait 2,627 bouches à feu de siège et de place. Nous avons vu qu'il y avait déjà 93 batteries de campagne. Les ateliers de l'artillerie, ceux de l'industrie, travaillant à l'envi, produisirent 230 canons de 7, 50 mortiers de 15 et un très grand nombre de mitrailleuses. Indépendamment des mitrailleuses, la défense mobile réunit 928 bouches à feu, ce qui, réuni aux 2,627 mentionnées déjà, fait un total de 3,555 pièces de tout calibre. Pour les pièces de 7, il avait fallu installer tout l'outillage; aussi ne put-on les utiliser qu'à la fin de novembre. Elles tirèrent pour la première fois à la bataille de Champigny.

Ce nombre énorme de bouches à feu était approvisionné à 200 coups; il fallut porter l'approvisionnement à 500. L'artillerie organisa des ateliers qui produisirent 205,000 obus de tout calibre ; l'industrie civile en fournit 25,000, ce qui fit un total de 230,000, auquel il faut ajouter 368,000 fusées à projectiles creux et 97,000 boîtes à mitraille.

Le comité de défense avait fixé l'approvisionnement en poudres à 3 millions de kilogrammes. Les poudreries de province commencèrent leurs envois après le 20 août; pour arriver plus tôt au chiffre fixé, l'artillerie organisa, rue Philippe-Auguste, une poudrerie qui parvint à donner jusqu'à 5,000 kilogrammes par jour. Du reste, le total de 3,000,000 fut atteint dès le 17 octobre.

Les bouches à feu venues de province étaient arrivées avec leurs affûts. Mais il fallut en créer pour les pièces nouvelles. On eut recours aux ateliers des chemins de fer, des omnibus, des petites voitures qui se joignirent à ceux de l'artillerie. A la fin du siège, l'artillerie avait fait construire 425 affûts et 152 voitures ; et elle avait pourvu aux réparations et à l'entretien de cet énorme matériel de 3,500 bouches à feu et des voitures de toute espèce destinées à l'approvisionnement et aux services accessoires.

Les fusils se trouvaient en nombre suffisant, bien qu'il n'y eût que 200,000 chassepots. Mais les fusils à tabatière, et un certain nombre d'armes étrangères fournissaient un total de 540,000 armes à feu portatives. On n'eut donc rien à créer de ce côté. Mais il fallut aviser aux cartouches. Dès les premiers jours de septembre, Paris était approvisionné de 33 millions de cartouches Chassepot et de 32 millions de cartouches pour fusils à tabatière. Trois ateliers furent organisés, avenue Rapp, rue de la Condamine et rue de Vanves. Vers la fin d'octobre, on put fabriquer par jour 400,000 cartouches Chassepot, 100,000 pour fusils à tabatière, 235,000 pour fusils à percussion.

Approvisionnements en vivres.

Les subsistances demandaient un travail bien plus sérieux et plus rapide ; car les projectiles, les cartouches ne sont consommés que par l'armée, mais les subsistances le sont par la population tout entière. De plus, tandis que la poudre, les projectiles, les voitures, etc., peuvent être créés pendant le siège, l'approvisionnement en subsistances doit être formé avant l'investissement. C'était une entreprise colossale que de réunir tout ce qui est nécessaire à une réunion de plus de 2 millions d'âmes. Le ministère de Palikao, sur ce point comme sur tous les autres, montra une activité infatigable, une fermeté dans les vues et une sûreté dans l'exécution qu'on ne peut trop admirer. L'opération était d'autant plus difficile qu'il fallait écarter les spéculateurs, ne traiter qu'avec des négociants sérieux et de gré à gré, sans aucune des garanties données par les adjudications.

Le 12 août, le sous-intendant Perrier reçut les ordres nécessaires, tant pour compléter les approvisionnements de la guerre que pour constituer ceux de la ville de Paris. Le 7 septembre, les achats étaient faits et les denrées rendues à Paris. Il y avait 77,000 quintaux de blés, 210,000 de farine, 31,000 de pommes de terre, etc., qui furent cédés à la ville avant le siège. Ces quantités étant devenues insuffisantes, la guerre fit de nouvelles cessions à la ville, et, au jour de l'armistice, ces cessions montaient à 683,830 quintaux de denrées de toute nature. Ces quantités sont indépendantes de celles qui servirent à assurer la subsistance journalière de près de 300,000 hommes. On n'a pas distribué pendant le siège moins de 363,100,000 rations de toute nature.

Le ministre Clément Duvernois avait assuré le service de la viande en ordonnant de former un parc de 30,000 bœufs et de 200,000 moutons. Quand ce parc fut épuisé, on eut recours aux chevaux. Il en fut consommé environ 67,000.

Hôpitaux et ambulances.

Le service hospitalier ne fut pas moins bien assuré. Il est vrai que les ressources en personnel, en matériel, en bâtiments étaient très considérables; que les sociétés diverses, des maisons particulières vinrent en aide à l'administration, que les dons de toute nature affluèrent en quantité considérable. A la fin du siège, l'administration disposait de 37,000 lits, dont la moitié, 18,500 appartenaient à des ambulances privées établies non point par des sociétés civiles et religieuses, mais par de simples particuliers.

Tel est très sommairement le travail de toute nature fait pendant le siège. Si l'on songe aux mille détails que comportent toutes ces organisations et que nous ne pouvons indiquer, on sera émerveillé à la fois des ressources prodigieuses que l'on a su trouver, de l'activité et de l'intelligence avec lesquelles elles ont été mises en œuvre dans un temps si court.

Organisation et division du commandement.

L'organisation du commandement était une question tout aussi difficile que celle de tous les services dont nous avons parlé, Comment assurer au gouverneur de la place une action rapide et énergique sur tous les points de cette vaste enceinte? Comment, d'autre part, laisser à chacun assez d'initiative pour que le recours au gouverneur ne fût pas toujours nécessaire, pour que l'on pût agir sans attendre des ordres toujours lents à venir? La solution donnée ne fut pas parfaite. Voici en quoi elle consistait :

La place fut divisée à l'intérieur de l'enceinte en neuf secteurs constituant autant de places différentes. Le commandant de chaque secteur avait sous ses ordres un chef d'état-major, un major de place, un intendant ou commissaire de marine et un certain nombre d'officiers d'état-major de la garde nationale et d'officiers d'armes diverses. Le personnel d'un conseil de guerre de la garde nationale et celui d'une prison disciplinaire étaient attachés à chaque secteur.

Les troupes mises à la disposition du secteur se composaient de la garde nationale en première ligne, sur le rempart, de la garde mobile en deuxième ligne, enfin des troupes de ligne en troisième. Chaque jour un certain nombre de bataillons étaient commandés. Chacun d'eux se formait au lieu de rassemblement qui lui était fixé et arrivait à 9 heures du matin, soit au rempart, soit au lieu où il devait monter la garde. Si tout le monde devait prendre les armes, on battait le rappel dans toute l'étendue du secteur.

A l'extérieur de l'enceinte il y avait trois commandements supérieurs réunissant un certain nombre de forts. Chaque fort avait son commandement distinct, son commandant de l'artillerie et son commandant du génie.

L'artillerie de la place tout entière était sous les ordres du général Guiod. Elle était partagée en deux commandements, l'un de la rive droite et l'autre de la rive gauche. Le génie était sous les ordres du général Chabaud La Tour ; il était divisé en trois commandements particuliers.

Il faut ajouter à ces commandements ceux des trois armées organisées comme nous l'avons dit plus haut. Il en résultait que la plus simple des opérations pouvait nécessiter l'intervention d'une multitude d'autorités indépendantes. Le déplacement d'une pièce sur un rempart, ne fût-ce que de quelques mètres, n'était possible que par l'accord du commandant des troupes, de celui du secteur, de celui de l'artillerie et de celui du génie.

On voit quelle quantité considérable de rouages l'autorité militaire avait à mettre en jeu. Il était bien difficile de faire concourir tant de volontés au même but; le mouvement était lent à se communiquer dans un système si compliqué. Heureusement pour la défense qu'un seul et même esprit animait tout le monde, que tous luttèrent de sacrifices et de dévouement, et que l'on rendit facile à force de patriotisme l'entente de tous pour la défense commune.

CHAPITRE III.

INVESTISSEMENT DE PARIS DU 17 AU 19 SEPTEMBRE.

Description des fortifications de Paris.

Paris était défendu par une enceinte continue de 93 bastions précédée d'un fossé et par une ceinture de forts bastionnés placés à des distances variables de l'enceinte. Cette fortification, créée sous le ministère de M. Thiers par le général Dode de la Brunerie, constituait un progrès notable sur les anciens errements de la fortification. Elle préparait ainsi le terrain pour la défense éloignée dont Masséna à Gênes, Rapp à Dantzick, Gouvion Saint-Cyr à Dresde, avaient donné d'illustres exemples, que le colonel Denfert devait bientôt glorieusement imiter à Belfort. Mais, basée sur les effets de l'artillerie à cette époque, elle ne répondait pas aux moyens d'attaque modernes; excellente pour résister à l'artillerie de 1840, elle ne pouvait lutter contre celle d'aujourd'hui. Les parties autrefois défilées du tir, les maçonneries à couvert des feux n'étaient plus à l'abri des atteintes du tir incliné. Les casemates étaient insuffisantes, les faces d'ouvrages dépourvues de traverses et d'abris. Des hauteurs, éloignées autrefois, étaient devenues dangereuses par l'accroissement de la portée des armes. Néanmoins, quelque impuissants que fussent les forts, ils pouvaient former la base solide sur laquelle s'élèverait une fortification de campagne improvisée, qui, occupant les hauteurs et les points faibles, rejetterait au loin le cordon de l'investissement.

Au nord les forts de la Briche, la Double Couronne et le fort de l'Est couvrent Saint-Denis et forment une bonne ligne de défense, mais les hauteurs de Stains étaient devenues dangereuses. Néanmoins on ne fit pas de travaux de ce côté, parce que, le sol allant en s'élevant graduellement, les nouveaux ouvrages auraient été commandés comme les premiers.

Plus à l'est les forts de Romainville, Noisy, Rosny et Nogent, placés sur le bord d'un plateau qui domine la vallée de 70 mètres, forment une bonne ligne qui fut consolidée par les redoutes de Montreuil, de la Boissière et de Fontenay. Devant ce front se trouve le plateau d'Avron battu par les forts, mais qui se trouve sous le feu de la hauteur du Raincy.

Cette digue est prolongée vers l'est par les redoutes de la Faisanderie et de la Gravelle placées à l'entrée de la presqu'île de Saint-Maur formée par un repli de la Marne. En arrière de la ligne se trouve le fort de Vincennes qui ne sert qu'à abriter les magasins.

Dans l'angle entre Seine et Marne se trouve le fort de Charenton destiné à défendre le confluent. Trop près du point de réunion des deux rivières, ce fort était masqué par des constructions de toute espèce qui favorisaient l'approche de l'ennemi.

Entre la Seine et la Bièvre sont les forts d'Ivry et de Bicêtre. Ils avaient des vues insuffisantes qui firent décider la construction de redoutes au fort à l'Anglais au moulin Saquet et aux Hautes-Bruyères.

Entre la Bièvre et le cours inférieur de la Seine sont les forts de Montrouge, Vanves et Issy. Ils sont dominés par un cercle de hauteurs dangereuses allant de Bagneux à Meudon. Pour les protéger, on décida la construction de la redoute de Châtillon. A l'ouest, entre Issy et Saint-Denis est une trouée de 30 kilomètres défendue par le seul fort du Mont-Valérien et par les replis de la Seine en aval de Paris. Pour renforcer la défense sur cette ligne, on créa les redoutes de la Capsulerie, de Brimborion, la Brosse et Montretout entre Issy et le Mont-Valérien d'une part; et la redoute de Gennevilliers d'autre part entre le Mont-Valérien et Saint-Denis.

Dès le 1er août, on s'occupa de l'exécution de ces travaux. Mais les formalités d'expropriation demandèrent beaucoup de temps; d'autre part, le génie se montra, suivant les préceptes de l'ancienne école, très préoccupé des besoins de la défense rapprochée, ce qui le conduisit à exécuter des travaux que l'on eût pu faire dans le cours du siège. L'expérience n'avait pas encore révélé la puissance de la défense éloignée, et l'on agit comme si l'on devait avoir bientôt à lutter pied à pied et sous les murs mêmes des fortifications.

D'autres obstacles vinrent de la part des ouvriers. Malgré l'imminence du danger, on ne put pas obtenir d'eux le travail de nuit. Après le 4 septembre, un grand nombre d'entre eux refusèrent absolument de travailler. Il fallut faire venir avec des frais énormes des ouvriers de province.

Néanmoins, quelles que fussent les difficultés, tous ces ouvrages étaient pour la plupart susceptibles d'être mis rapidement en état de défense lorsque parurent les premières colonnes prussiennes.

Ordres pour l'investissement de Paris.

L'ordre du 15 septembre, daté de Château-Thierry à 11 heures du matin, fixait le rôle des deux armées allemandes pour l'investissement de Paris. Cet ordre, un des plus importants de la campagne, tient à peine une page et demie de l'ouvrage allemand. Il se contente de signaler le but à atteindre, et n'entre dans aucun détail.

L'investissement a pour but, dit-il, d'empêcher toute communication de Paris avec l'extérieur, et de faire échouer toute tentative de ravitaillement ou de secours. En général, les troupes éviteront de venir à portée de canon des ouvrages, tout en se rapprochant le plus possible afin de réduire le périmètre de la ligne d'investissement. L'armée de la Meuse occupera le côté nord de Paris et sera établie pour le 19 entre la rive droite de la Marne et la rive droite de la Seine en aval de Paris. Argenteuil sera fortement occupé. La cavalerie franchira la Seine en aval dès le 18 pour donner la main à la IIIe armée. Cette dernière s'avancera sur la rive gauche de la Marne et de la Seine, et s'étendra successivement sur la gauche, à mesure qu'elle sera ralliée par les troupes laissées en arrière. Un corps d'armée au moins sera placé entre Seine et Marne. La cavalerie gagnera les devants le plus promptement possible pour donner la main en aval de Paris à la cavalerie de l'autre armée.

Les chemins de fer seront mis hors d'usage, mais seulement par l'enlèvement des rails et des aiguilles. Des ponts nombreux seront établis en amont et en aval de Paris.

Les troupes d'investissement devront retrancher la première ligne et reconnaître les moyens de défense de l'adversaire.

Si des tentatives pour dégager Paris venaient à se produire de la Loire, la IIIe armée se porterait avec le gros de ses forces à la rencontre de l'assaillant.

On voit que cet ordre laisse toutes les opérations de détail aux soins des commandants d'armée. Il n'ordonne que ce qui est absolument nécessaire en fait de mesures générales. S'il parle d'Argenteuil et du terrain entre Seine-et-Marne, c'est parce que l'un lui assure les communications en aval de Paris, et parce que l'autre est sur les lignes de retraite et est indiqué à l'adversaire par la configuration du terrain comme point d'attaque pour une sortie.

Du côté du Nord, l'opération s'exécutait sans obstacle sauf quelques démonstrations sur Montmagny et Stains, dans lesquelles le IVe corps perdait 6 morts et 20 blessés. Le 19, tous les corps occupaient les positions qui leur étaient assignées.

Combat de Montmesly.

Du côté du Sud, les choses étaient moins faciles. Le 13e corps avait reçu l'ordre de faire une reconnaissance le 17 au matin du côté de Choisy-le-Roi, pour s'assurer des forces de l'ennemi et de leur direction. Cette mission fut confiée au général d'Exéa. C'était la première fois que les troupes de cette division voyaient le feu. Nous avons déjà dit combien elles étaient faibles et ignorantes. On était par suite inquiet sur leur conduite, inquiétude justifiée encore par la crainte de l'effet que produirait sur la capitale un échec des premières troupes sorties à la rencontre de l'ennemi.

Lorsque la reconnaissance eut gagné Créteil, on signala des colonnes ennemies au Sud entre Valenton et la route de Boissy-Saint-Léger. Le général Vinoy fait occuper le Montmesly et son artillerie ouvre le feu. L'artillerie prussienne lui riposte. Neuf compagnies prussiennes dessinent une attaque contre cette hauteur. La fusillade dure près de deux heures. Encouragés par la présence des généraux à cheval sur la ligne des tirailleurs, nos jeunes soldats tiennent bon, bien qu'ils paraissent visiblement inquiets.

Vers quatre heures, l'ennemi envoyant de nouvelles forces et le but de la reconnaissance paraissant atteint, le général Vinoy ordonne la retraite que troublent un instant seulement quelques obus tombés dans la rue de Créteil. Les pertes étaient égales des deux côtés, mais les morts étaient plus nombreux du côté de l'ennemi.

Dans la journée du 18, l'ennemi continuait sa marche sur Versailles ; la cavalerie se présentait aux portes de cette ville ; l'avant-garde du Ve corps arrivait à Palaiseau ; le IIe corps bavarois atteignait Longjumeau. Le mouvement était observé du côté des Français par la brigade de cavalerie de Bernis et la division d'infanterie de Caussade placées en avant des forts du Sud. Il ne se produisait que quelques escarmouches ; la plus sérieuse était celle de la ferme de Dame-Rose, que les Prussiens enlevaient sans peine au régiment de marche des zouaves.

Combat de Châtillon (19 septembre).

Pour la journée du 19 septembre, le général Ducrot, échappé heureusement de Sedan et arrivé à Paris, avait demandé au gouverneur l'autorisation d'attaquer l'ennemi pendant sa marche. Il est certain que le moment ne pouvait être mieux choisi. L'ennemi était obligé de s'étendre démesurément autour de la ville pour arriver à fermer le cercle d'investissement.

L'opération était périlleuse et l'on avait beaucoup de chances pour l'empêcher en attaquant pendant son exécution. Le terrain choisi n'était pas moins propice. L'attaque devait se faire sur Châtillon et les points environnants. Ce village est situé sur un plateau élevé de 80 mètres environ au-dessus des eaux de la Bièvre et de la Seine qu'il sépare. Dominant la fortification, il est dangereux pour elle. Il n'était alors défendu par aucun ouvrage, sauf celui de la redoute dite de Châtillon, qui était loin d'être terminée. Il était donc de première nécessité de s'en emparer ; d'une part, on protégeait ainsi l'enceinte et de l'autre on se ménageait des vues dans la vallée de la Bièvre, sorte de fossé où l'ennemi pouvait exécuter des mouvements de troupe à l'insu de l'assiégé. Le général Ducrot était d'avis qu'il fallait attaquer vigoureusement. Il fallait, disait-il, tomber sur l'adversaire en formation et s'assurer définitivement la possession d'un terrain si utile entre les mains de celui qui en est le maître. Il était en cela d'accord avec toutes les maximes de la guerre. Le général Trochu était plus défiant; il craignait de voir écraser en une seule fois toutes les troupes dont il disposait ; il ne voulait pas, disait-il, mettre tous ses œufs dans le même panier. Il fallait se contenter de tâter l'ennemi. Quoi qu'il en fût, l'opération fut ordonnée pour le 19 septembre ; elle devait être exécutée par le 14e corps. Deux divisions devaient franchir les lignes formées par les trois forts de Montrouge, Vanves et Issy, en suivant la route du Petit-Bicêtre, et se déployer sur le plateau entre les bois de Meudon à droite et ceux de Sceaux à gauche. La division de Maussion devait se tenir en arrière à Bagneux.

Sur le plateau se trouvait la redoute de Châtillon à cheval sur la route que suivaient les troupes, et un peu en avant et sur la gauche le village et le parc du Plessis-Piquet, occupé en ce moment par le 15e régiment de marche.

A 5 heures du matin, les troupes se mettent en marche par un épais brouillard. La division de Caussade, formée en colonne par bataillons, longeait les bois de Meudon qu'elle laissait à sa droite : la division d'Hugues, dans le même ordre, suivait la route du Petit-Bicêtre. Entre les deux divisions marchait la brigade de cavalerie de Bernis, formée sur six colonnes et précédant 12 batteries composant la réserve. Pendant la nuit, la redoute de Châtillon avait été armée de 12 pièces.

Attaque de gauche.

Vers 6 heures un quart, les tirailleurs des deux partis se trouvaient brusquement face à face et échangeaient quelques coups de feu. La division de Caussade s'arrête à hauteur de la pointe de Trévoux, et la division d'Hugues à la tête du ravin du Plessis-Piquet. Un moment plus tard, le brouillard se dissipait et montrait le champ de bataille. La route de Corbeil et Fontainebleau à Versailles montait à gauche la pente du plateau, passait par Malabry et le Petit-Bicêtre à la lisière du bois de Verrières, traversait le plateau et disparaissait à droite cachée par les bois de Meudon. Au delà de la route, le plateau descendait brusquement pour former la vallée de la Bièvre.

L'attaque surprenait l'ennemi dans la position suivante. La 18e brigade était placée à Bièvre dans la vallée. L'un de ses régiments, le 47e, était en cantonnement d'alerte dans le bois de Verrières, à l'Abbaye-aux-Bois et à Malabry. Les avant-postes occupaient le Petit-Bicêtre sur la route et la tuilerie du Pavé-Blanc au delà. La 17e brigade était à Marly et Vissous, la 10e division à Palaiseau, de l'autre côté de la Bièvre. A la suite du Ve corps venait le IIe bavarois. La 3e division occupait Longjumeau, ses avant-postes à la Croix-de-Bernis et à la Belle-Épine sur la route de Versailles. La 4e division était autour de Montlhéry.

Dès les premiers coups de feu, le 47e régiment se formait rapidement. Un bataillon se portait au petit Bicêtre, un autre à la gauche du premier; le 3e se portait à droite autour de Malabry. Pendant ce temps, l'artillerie française dépassant la cavalerie se déployait sur le plateau qu'elle couvrait de feux. La 1re batterie légère, placée à l'ouest du Petit-Bicêtre, est toute désemparée et se retire; la 2e légère qui la remplace se soutient à peine. Le Petit-Bicêtre est accablé de projectiles. Le 19e régiment qui marche en tête de la division d'Hugues, déploie son premier bataillon.

Celui-ci, arrêté par la fusillade qui part du bois de Verrières, est bientôt appuyé par les 2e et 3e bataillons. Ces jeunes troupes, troublées par les obus, sont mises en désordre. Cependant, grâce aux efforts des officiers, la majeure partie des deux premiers bataillons se porte en avant. L'ennemi évacue le Petit-Bicêtre en flammes qui reste entre les deux partis; la ligne prussienne est refoulée dans le bois, quand l'arrivée d'un bataillon bavarois change la face des choses.

Le 3e bataillon de chasseurs bavarois formait l'avant-garde du IIe corps qui se portait sur Bièvre. Au bruit de la fusillade, il était dirigé sur Malabry et venait renforcer le bataillon du 47e qui luttait sur ce point. A l'arrivée de ce renfort, la ligne prussienne se porte en avant. Quelques compagnies résistent vigoureusement; mais, accablées par le feu, elles sont contraintes à la retraite au bout d'une heure de combat. Il était 7 heures et demie, quand parvenait à la division d'Hugues un ordre du général en chef lui prescrivant de reprendre sa position de la veille, près de Châtillon.

Attaque de droite.

L'ordre du général en chef était motivé par les événements survenus à l'aile droite. Après avoir déployé son artillerie et ordonné l'attaque du Petit-Bicêtre, le général s'était porté à l'aile droite et avait lancé le 1er bataillon du 17e de marche sur la garenne de Villacoublay. Le feu était à peine engagé que des cris affreux se font entendre à droite de la division, tandis que des soldats débandés qu'on reconnaît bientôt pour des zouaves se sauvent dans toutes les directions. Ces zouaves appartenaient au régiment de marche qui avait la veille abandonné à l'ennemi la ferme de Dame-Rose et qui était resté en grand'garde; effrayés par quelques obus tombés au milieu d'eux pendant qu'on leur distribuait des cartouches, ils s'enfuient en poussant de véritables hurlements. On parvient à les rallier un instant, mais l'arrivée de nouveaux obus met la panique parmi eux et ils se sauvent affolés à Paris où ils répandent l'épouvante. Quelques anciens soldats parmi eux se rallient seuls et prennent position autour de Clamart.

Pendant ce temps la division de Caussade poursuivait son chemin. Le 18e de marche se déployait à côté du 17e, et le 16e restait en réserve; mais l'aspect de ces fuyards, leurs cris horribles troublent facilement nos jeunes soldats, et les rendent hésitants dans leurs mouvements. Les Prussiens avaient renforcé le 47e par le régiment des grenadiers du roi; le 5e bataillon de chasseurs à pied, 2 escadrons de dragons et 2 batteries. Ces troupes s'étaient déployées entre le Petit-Bicêtre à la gauche du 47e et le bois de Meudon. Le plateau se couvrait d'essaims de tirailleurs. Nos troupes résistent pendant quelque temps au feu, mais les obus portent la démoralisation au milieu d'eux. L'infanterie ennemie pousse en avant et bientôt notre ligne recule et se rompt. La confusion devient extrême. Le général Ducrot se jette au milieu des soldats, ramène un peu d'ordre. Mais il est bientôt convaincu que toute action offensive devient impossible, et, voyant que l'ennemi gagne sur sa droite, il se résout à donner l'ordre de la retraite.

Retraite de la droite.

La division de Caussade se replie en longeant la lisière du bois de Clamart; la division d'Hugues suit la route de Châtillon; l'artillerie exécute la retraite en échelons par la droite, au pas et avec le plus grand ordre. L'ennemi suit ce mouvement sans y mettre obstacle. Il s'était renforcé pendant ce temps et 9 batteries, tant divisionnaires que de corps d'armée, occupaient en ce moment le plateau. Tout le Ve corps était concentré entre la grande route de Versailles et le bois de Meudon qu'il occupait par sa gauche; à la droite du Ve corps, le IIe bavarois s'étendait du Plessis-Piquet jusqu'à Sceaux et Fontenay-aux-Roses.

Bien que le général Ducrot eût ordonné la retraite, il ne comptait pas abandonner sans combat un plateau si important pour la défense. Pendant que la retraite s'exécutait, il faisait compléter l'armement de la lunette de Châtillon, établissait à droite et à gauche des épaulements qui étaient immédiatement occupés par des batteries : 24 pièces étaient réunies sur ce point; le reste des batteries allait prendre position à l'éperon du télégraphe d'où l'on domine tout le terrain. La division de Caussade qui avait descendu débandée en partie les pentes de Clamart, allait se reformer dans ce village à droite de la lunette. La division d'Hugues, à gauche avait fini aussi par se débander sous les feux de l'artillerie ; elle avait descendu en courant les pentes de Fontenay-aux-Roses. Cependant on était parvenu à maintenir presque tout le 21e de marche et une partie du 20e. Ces troupes se plaçaient dans un pli de terrain derrière le télégraphe. La brigade de Bernis, devenue inutile sur ce nouveau terrain, rentrait à Paris.

La ligne ainsi formée était soutenue par les forts de Montrouge, de Vanves et d'Issy. Enfin la division de Maussion se trouvait à Bagneux défendant Fontenay-aux-Roses.

Jusque vers midi, les Prussiens entretenaient un feu d'artillerie avec la redoute et les batteries placées autour. Puis le général Von Kirchbach, commandant le Ve corps, jugeant que les Bavarois pouvaient se suffire à eux-mêmes, donnait à son corps d'armée l'ordre de reprendre la marche sur Versailles; mais il laissait provisoirement sur le terrain la 18e brigade avec 2 escadrons et 2 batteries.

Défense du Plessis-Piquet par le 15e régiment de marche.

Nous avons dit plus haut que la gauche de la ligne de bataille était protégée par le 15e régiment de marche placé au Plessis-Piquet. Un vaste enclos et le parc Hachette avaient été organisés défensivement. La rue qui les sépare avait été barricadée, les murs crénelés et pourvus d'un double étage de feux. Dès le début du combat, les troupes bavaroises, accourues au secours du Ve corps, étaient venues donner contre cet obstacle et avaient fait peu de progrès. La 5e et la 6e brigade s'étaient épuisées en efforts, et, quoique soutenues par le feu des batteries bavaroises qui étaient venues se placer sur les pentes du plateau près de Châtenay, elles n'avaient pu enlever la position, L'ordre de retraite n'étant pas parvenu au lieutenant-colonel Bonnet, commandant le 15e régiment, celui-ci avait conservé son poste et luttait énergiquement contre les assaillants. Enfin le général Walther ordonne l'attaque générale. L'artillerie avait ouvert de larges trouées dans les murs du parc. L'infanterie s'élance pour en profiter ; mais elle est repoussée par une fusillade meurtrière, une batterie est désemparée par le feu. Néanmoins, le 15e régiment, seul sur le plateau, est dans une position critique ; il est débordé à droite et à gauche. Le lieutenant-colonel envoie demander les ordres du général Ducrot, qui lui prescrit de se retirer sur Fontenay-aux-Roses. Le 15e régiment abandonne alors lentement sa position, battant méthodiquement en retraite, il arrive à 3 heures de l'après-midi à hauteur de la lunette de Châtillon.

La division de Caussade abandonne le champ de bataille. — Retraite sur Paris.

Presque au même moment le général Ducrot renonçait à se maintenir sur le plateau et ordonnait d'évacuer l'ouvrage et de rentrer dans Paris. De nouvelles déceptions avaient motivé cet ordre.

Vers midi, le général jugeant à propos de prévenir le cas d'une retraite, avait dicté un ordre prescrivant les moyens d'exécution. Le mouvement ne devait se faire que sur un ordre précis de lui : ayant envoyé un officier à Clamart porter des instructions au général de Caussade, il fut bien étonné quand on lui rendit compte que le village était évacué. Il envoie à la recherche de la division à Clamart, à Issy, à la Californie. On n'en voit aucune trace. Cet officier général ayant vu la route couverte de fuyards, n'entendant plus le canon, avait cru la bataille finie et le plateau évacué. Sans chercher à se renseigner, sans envoyer voir ce qui se passait à Châtillon qui n'est pas à 1 kilomètre de Clamart, dès 11 heures du matin, il s'était décidé à ramener sa division dans Paris.

D'autre part, le général de Maussion, sur un ordre verbal envoyé par le chef d'état-major, le général Appert, avant la décision du général Ducrot, avait évacué Bagneux et Fontenay-aux-Roses, et rappelé les batteries de l'éperon du télégraphe. En apprenant ce contre-temps fâcheux qui dégarnissait sa gauche, tandis que le départ de la division de Caussade laissait sa droite en l'air, le général Ducrot ordonnait au général de Maussion de réoccuper Fontenay-aux-Roses. En même temps il cherchait à établir une garnison dans la lunette qu'il ne voulait abandonner à aucun prix, et à y faire venir les approvisionnements nécessaires. Déjà l'on se disposait à faire entrer 50,000 ou 60,000 rations pour les futurs défenseurs, quand on vint à s'apercevoir que la redoute n'avait pas d'eau, et qu'il n'y avait aucun moyen de s'en procurer; que, par suite d'un accident dont on ignorait la cause, les conduites d'eau ne fonctionnaient plus, et que tous les réservoirs étaient à sec. On a su plus tard que le directeur de la pompe à feu de Choisy-le-Roi avait la veille donné l'ordre à ses employés de se retirer en emportant une pièce de la machine, pour empêcher l'ennemi de s'en servir, et que cette mesure avait eu pour résultat de priver d'eau tous les villages et notamment Châtillon, alimentés par cette pompe.

A ce dernier et nouveau contre-temps, le général Ducrot donna l'ordre définitif de la retraite et rentra dans Paris. L'alarme y était au comble. L'arrivée successive des zouaves, puis de la division de Caussade, et enfin de la division d'Hugues, avait fait croire aux plus grands malheurs. Le 13e corps, sur l'ordre du gouverneur, garnissait en toute hâte les remparts. On n'avait aucune nouvelle du général Ducrot. Peu à peu les alarmes se calmèrent, mais néanmoins le plateau de Châtillon était définitivement abandonné.

Réflexions sur le combat de Châtillon.

Nous avions perdu dans cette affaire 28 officiers et 535 hommes; l'ennemi 19 officiers et 424 hommes. Les plus grosses pertes avaient porté chez nous sur le 19e régiment qui avait attaqué l'ennemi posté sur la lisière du bois de Verrières; chez les Prussiens, sur le régiment n° 47, qui avait seul soutenu la lutte au début, et sur le 7e régiment bavarois qui avait attaqué le Plessis-Piquet. Ce régiment avait perdu 4 officiers et 79 hommes, tandis que le 15e régiment français qui avait lutté toute la journée contre toute la 3e division bavaroise, n'avait perdu que 5 officiers et 33 hommes. La proportion des tués aux blessés était de $\frac{1}{3,5}$ chez les Prussiens, et de $\frac{1}{6,7}$ chez nous.

Du côté de l'ennemi, des bivouacs bien disposés, des sentinelles vigilantes avaient permis de se rallier dès la première attaque et d'amener des secours dans un bref délai. L'ennemi ne fit d'autre combinaison que de nous résister de front et de pousser en avant à mesure que nous reculions. De notre côté, la faiblesse de nos troupes, leur peu de cohésion fit manquer une attaque bien combinée. La véritable affaire ne dura guère qu'une heure. Les régiments tête de colonne eurent à peine le temps de se déployer. Il y eut, somme toute, peu de forces engagées. Bien qu'en principe il ne soit pas douteux que le 13e corps eût dû coopérer avec le 14e pour aborder avec le plus grand effectif possible les troupes de l'ennemi en marche, on se demande néanmoins, en voyant le peu de consistance de nos bataillons, si la présence du 13e corps n'eût pas abouti à une immense débandade dont les résultats eussent pu être plus fâcheux encore. Il est toujours dangereux d'exposer en masse à un échec une troupe encore peu solide. On ne peut lui donner la solidité qui lui manque que par une série de petites affaires soigneusement combinées, où tout soit ménagé pour amener un résultat favorable. C'est ainsi que Gouvion Saint-Cyr formait ses jeunes troupes républicaines pendant les campagnes entre Rhin et Moselle. Il ne les eût pas hasardées en rase campagne. Il est vrai de dire qu'il fut singulièrement favorisé dans cette tactique par la timidité de ses adversaires. A Paris, grâce au soutien fourni par les fortifications, cette tactique était applicable, et c'était la seule que l'on pût suivre après la retraite du 19 septembre.

Position des troupes allemandes autour de Paris.

Le même jour la division de Maud'huy avait un léger engagement avec le VIe corps dans les environs de Chevilly.

Dans la soirée, les troupes prussiennes atteignaient les points qui leur avaient été assignés pour l'investissement de Paris. Elles étaient réparties de la façon suivante :

Le Ve corps, de Bougival à la lisière du bois de Meudon, occupant Versailles.

Le IIe bavarois, de la lisière du bois de Meudon à Châtenay, occupant la redoute et le village de Châtillon et Fontenay-aux-Roses.

Le VIe corps, sur les deux rives de la Seine depuis Châtenay jusqu'à Noisy-le-Grand, occupant Choisy-le-Roi, Thiais et Chevilly.

La division wurtembergeoise entre Ormesson et Noisy-le-Grand.

Le XIIe corps, de Neuilly-sur-Marne à la lisière ouest de la forêt de Bondy.

La garde, depuis la forêt de Bondy jusqu'à Pont-Iblon, le long de la rive gauche de la Morée et de là vers Stains, occupant Gonesse, Stains, le Blanc-Mesnil et Aulnay.

Le IVe corps, depuis le moulin du Haut-Roi jusqu'au

lac d'Enghien en passant par Montmagny, occupant Sarcelles, Graulay, Montmorency et Deuil.

Six corps d'armée, comptant ensemble 147,000 hommes et 622 pièces de campagne, enveloppèrent donc Paris, formant autour de lui une ceinture de 100 kilomètres de développement d'une densité de 1,98 par mètre courant.

Entrevue de Ferrières.

Dans la soirée du même jour, le ministre des affaires étrangères demandait une entrevue à M. de Bismarck pour tâcher d'arriver à un accommodement pacifique. L'entrevue avait lieu au château de Ferrières. On s'occupait d'abord des conditions de la paix et M. de Bismarck déclarait que la Prusse ne poserait les armes que moyennant une cession de territoire. M. Jules Favre ayant répondu que la France n'y consentirait à aucun prix, les pourparlers n'avaient plus d'autre objet que la conclusion d'un armistice, pendant lequel le peuple français serait convoqué pour l'élection d'une convention nationale, avec laquelle le gouvernement prussien pourrait traiter avec plus de sûreté qu'avec le gouvernement provisoire qui n'avait pas pour lui la sanction de la volonté nationale. Comme l'armistice devait évidemment profiter pour l'organisation de nouvelles forces défensives en France, M. de Bismarck demandait qu'on lui fît certains avantages destinés à compenser cet accroissement de la défense et il spécifiait l'abandon des places de Bitche, Toul et Strasbourg dont la chute était prochaine. Les hostilités continueraient autour de Metz. Quant à Paris, il donnait à choisir entre le maintien du blocus ou la remise de quelques forts dominant Paris. M. Jules Favre répondait qu'il ne pouvait consentir à la cession des forts, ni à la captivité de la garnison de Strasbourg, que, pour le reste, il allait prendre l'avis de ses collègues. Le 21 septembre il informait le chancelier que le gouvernement refusait d'admettre aucune de ses propositions.

CHAPITRE IV.

PRISE DE TOUL ET DE STRASBOURG.

La place de Toul était toujours investie par les troupes d'étape de la IIIe armée. Elle était défendue par une garnison de 2,300 hommes dont 1,610 de garde mobile. L'artillerie, comprenant un peu plus de 70 bouches à feu, était servie par la garde mobile. La ville est placée sur le bord de la Moselle, entre cette rivière et le canal de la Marne au Rhin. Elle était défendue par neuf bastions avec fossés pleins d'eau.

Elle est dominée au nord par la côte de Barine et le mont Saint-Michel, à l'est par les hauteurs de Dammartin. Le 10 septembre trois batteries de bombardement établies sur la côte Barine ouvraient un feu violent auquel l'artillerie de la place répondait avec succès. Le lendemain les Allemands cessaient le feu.

Le 13 septembre les troupes du corps de siège étaient renforcées par la 17e division d'infanterie, la 17e brigade de cavalerie et 3 batteries de la landwehr, sous les ordres du grand-duc de Mecklembourg. La 34e brigade se cantonnait sur le plateau de Choloy à l'ouest, la 33e des deux côtés du canal de la Marne au Rhin. Protégés par les vignes, les avant-postes descendaient les pentes du Mont Saint-Michel et venaient s'établir au remblai de la gare et aux abords du faubourg Saint-Mansuy. Les troupes d'étapes quittaient les environs de la place et se rendaient à Saint-Dizier.

En attendant l'arrivée du parc de siège, on entretenait le feu avec la place. Le 18, le feu redoublait d'intensité pour empêcher l'assiégé de voir l'arrivée du parc de siège. Pendant ce temps on avait décidé que l'attaque se ferait sur le front 3-4 qui fait face à l'ouest et est enfilé par le mont Saint-Michel. On devait du haut du plateau de Choloy faire brèche au bastion 4 dont l'escarpe était visible. Néanmoins le besoin de protéger les lignes d'invasion contraignait le grand-duc à appeler à Chalons le 19e régiment de dragons, la 33e brigade d'infanterie et cinq batteries de campagne et la place n'était plus investie que par la 34e brigade. Les préparatifs de bombardement occupaient les jours suivants jusqu'au 23 où, dès le matin, 62 bouches à feu foudroyaient la ville; au bout de peu d'instants, plusieurs incendies se déclarent, la place riposte et son feu va en croissant jusqu'à midi, mais sans résultats notables.

A 3 heures et demie de l'après-midi, le commandant de la place faisait hisser le drapeau blanc sur une des tours de la cathédrale. Le feu cessait aussitôt et le soir même les troupes prussiennes prenaient possession de la place dont la garnison se rendait prisonnière de guerre.

Le 24 au matin le grand-duc faisait son entrée dans la ville. On y trouvait 71 bouches à feu, 30,000 armes à feu et 143,000 rations de vivres.

Les pertes de la garnison s'élevaient à 1 officier et 25 hommes tués; 8 officiers et 80 hommes blessés. La population avait eu 8 morts et 20 blessés. Depuis le 27 août, les Allemands n'avaient perdu qu'une trentaine d'hommes.

C'est ainsi qu'une place des plus importantes par sa position tombait, à la suite d'un bombardement, avec ses magasins remplis d'armes et de vivres et presque sans perte pour l'assiégeant. Il est certain que la défense eût pu être poussée plus loin ; néanmoins le fait ne reste pas moins une preuve concluante de l'efficacité d'un bombardement.

Siège de Strasbourg.

Quelques jours après Toul, Strasbourg succombait à son tour. Nous avons vu que le général de Werder ayant reconnu l'inutilité du bombardement, épuisé les munitions de telle sorte qu'il lui en restait juste assez pour un siège régulier, avait pris le 20 août la résolution d'attaquer la place par les procédés ordinaires. Déjà les parcs d'artillerie étaient réunis à l'est de Mundolsheim, et les parcs du génie à Bischeim et Souffelweyersheim. L'artillerie badoise avait ses parcs de l'autre côté du Rhin à Kork et à Neumühl. Les bois et matériaux de construction étaient rassemblés et les fascinages confectionnés du 20 au 24 août, et les jours suivants les troupes d'infanterie étaient exercées aux travaux de tranchée sous la direction des officiers du génie. Le 27, une grande reconnaissance était exécutée pour explorer plus à fond le champ d'attaque et établir des couverts pour les premiers travaux d'approche. A cet effet, à la tombée de la nuit, tous les avant-postes allemands se portaient en avant jusqu'à 300 pas des ouvrages et même jusqu'aux glacis, enveloppant toutes les fortifications depuis Königshoffen à droite jusqu'à l'Aar à gauche. Au jour naissant, les postes d'approche étant établis, les avant-postes se repliaient sans que l'assiégé eût rien aperçu de leur mouvement. Le 28 et le 29, l'étude du terrain continuait troublée par deux sorties venues l'une de la porte de Pierres, l'autre de la porte de Saverne, et par quelques engagements sur la gauche des attaques autour de l'île Wacken.

Ouverture de la tranchée. — Première et deuxième parallèles.

Dans la nuit du 29 au 30 août, les études préliminaires étant terminées, on procédait à l'ouverture de la première parallèle. Pour cette opération, les avant-postes se portaient le soir aussi près que possible des glacis (de 400 à 250 pas) et les troupes chargées de protéger directement les travailleurs, à savoir quatre bataillons, se portaient à une vingtaine de pas en avant du tracé que devait suivre la parallèle. Les travailleurs rassemblés à Souffelweyersheim venaient ensuite se développer sous la protection de ces bataillons et creusaient la tranchée. La ligne était tracée à 700 pas environ des glacis et présentait un développement de 3,600 pas.

Pendant la même nuit, l'artillerie construisait et armait onze nouvelles batteries. Tout ce travail se faisait sans aucun obstacle de la part de l'assiégé. La première parallèle était achevée avant 3 heures du matin, et au lever du soleil 88 bouches à feu de gros calibre étaient prêtes à engager la lutte. Ce n'est qu'à 6 heures que la place commençait à tirer sur les parties non achevées de la parallèle et sur les batteries allemandes. Celles-ci ripostaient vivement, et en moins de deux heures réduisaient la place au silence. Mais celle-ci, étant parvenue à renforcer l'artillerie des fronts attaqués, reprenait la canonnade dans l'après-midi.

Les jours suivants, on élargissait la parallèle. Ce travail se faisait sous la garde de trois bataillons, un à chaque aile et le troisième en réserve à Schiltigheim;

la parallèle ainsi tracée enveloppait le front 11-12 où se trouvait la porte de Pierres. Le bastion 12 est le plus aigu de l'enceinte. Il était ainsi que le bastion 11 précédé d'une contre-garde, la courtine était protégée par une demi-lune; tous les fossés étaient pleins d'eau. En avant de cette ligne se trouvaient les ouvrages détachés 53-52 et 54 entourés par une inondation partielle. Ces ouvrages étaient flanqués à gauche et en avant par la lunette 44 sur le chemin de Kronenbourg, à gauche et en arrière par l'ouvrage à cornes de Finkmatt; à droite, ils étaient défendus par les lunettes 55 et 56 placées en avant des retranchements qui bordent la promenade de Contades.

On voit que l'on avait prodigué sur ce point faible de la place toutes les ressources de l'art, et qu'on y avait multiplié les obstacles de toute nature, fossés pleins d'eau, inondations, ouvrages avancés, contre-garde, ouvrages flanquants de toute espèce.

Deux jours après, dans la nuit du 31 août au 1er septembre, l'ennemi ouvrait deux cheminements en avant de la première parallèle et les conduisait sur une longueur d'environ 300 pas. Le travail se faisait encore à la sape volante et sans que l'assiégé s'en aperçût. Dans la journée, on achevait le travail de la nuit, et, pour mettre le matériel plus à portée des travailleurs, on installait un parc secondaire du génie à l'aile droite et un autre à l'aile gauche de la parallèle.

Les travaux avançant rapidement, le général de Werder ordonne d'ouvrir la deuxième parallèle dans la nuit du 1er au 2 septembre. L'opération s'exécutait par quatre compagnies de pionniers et six de landwehr, sous la protection de deux compagnies badoises qui se portaient en avant de chaque extrémité de la parallèle à 350 mètres des glacis. Elle était terminée à 3 heures du matin, il ne restait qu'à donner aux tranchées leurs dimensions définitives ; mais dès l'aurore la place exécutait une grande sortie.

Sortie du 2 septembre.

Cinq compagnies placées à l'aile gauche de la sortie marchaient sur Kœnigshoffen, six compagnies au centre sur Kronembourg, et à l'aile droite trois sortaient du Contades pour attaquer l'île du Wacken. Quatre compagnies se tenaient prêtes à recueillir les troupes à la porte de Saverne.

La sortie ne réussissait qu'au centre, où elle s'emparait rapidement des premières maisons de Kronembourg et de la batterie de mortiers n° 14. On enlevait de même les rotondes du chemin de fer. L'ennemi arrivait bientôt en force pour reprendre les tranchées évacuées. Nos troupes débordées se repliaient sur les glacis, protégées par le feu des rotondes qui infligeaient à l'assiégeant des pertes sérieuses, jusqu'au moment où celui-ci s'en rendait maître par une attaque directe. A 5 heures du matin, la sortie était rentrée dans la place. L'artillerie entrait alors en jeu et couvrait l'assiégeant d'une telle pluie de projectiles qu'il fallait évacuer les positions jusque vers 9 heures du matin où l'attaque parvenait à maîtriser les feux de la défense.

Les pertes étaient égales de part et d'autre et montaient à 150 hommes environ. Pour l'assiégeant, la perte était peu considérable ; pour la garnison, elle l'était d'autant plus qu'on n'avait, somme toute, obtenu aucun résultat.

L'assiégeant s'aperçut alors de fautes considérables

commises dans le tracé de la parallèle. Ainsi, dans le cimetière Sainte-Hélène, les deux tronçons de parallèle ne se rejoignaient pas. L'un d'eux arrivait au milieu du cimetière, l'autre à l'extrémité sud. Enfin, à la droite, une partie de la parallèle était enfilée par la lunette 44 ; et à la gauche, une autre partie par la lunette 56. Ces défauts étaient rectifiés les jours suivants, mais non sans avoir occasionné la perte d'un bon nombre de soldats.

Le lendemain, 3 septembre, nouvelle sortie exécutée à 3 heures du matin et précédée d'un grand feu d'artillerie. On trouve l'ennemi sur pied partout ; le bruit du canon et celui des préparatifs des défenseurs de la lunette 44 avaient suffi pour le prévenir.

Le soir du 2 septembre, une salve générale de toute l'artillerie du corps de siège avait annoncé à Strasbourg la victoire des Allemands à Sedan. Dans la journée du 3, on décidait que l'attaque serait dirigée contre la porte de Pierres ou plutôt contre les ouvrages situés en avant des bastions 11 et 12, et l'on renonçait par suite à prolonger la parallèle de Kronembourg sur Königshoffen ; mais comme la saillie de la lunette 44 gênait considérablement les travaux d'approche, on renforçait les défenses du Kronembourg et on le reliait aux redoutes par de nouvelles tranchées.

En même temps on portait en avant une partie des batteries placées en arrière de la droite de la première parallèle, et pour éteindre le feu de la lunette on créait les batteries 35, 37 et 39 armées de 2 mortiers de 21, 4 canons de 9 et 4 mortiers de 15.

De plus on établissait entre les deux parallèles les batteries à feux courbes n°s 31, 32, 34, 36 et 40. Les batteries n°s 7 et 8 recevaient des mortiers de 28 ; les fusiliers de rempart suivaient le mouvement des batteries. Dès le 9 septembre, l'assiégeant tirait 96 canons rayés et 38 mortiers. Chacun d'eux tirait 20 coups par jour et 10 shrapnells pendant la nuit.

La place ne tardait pas à ressentir les effets de ce feu redoutable. La caserne de Finckmatt, l'Ecole d'artillerie, le théâtre, la magnifique bibliothèque, une des plus belles de France, devenaient la proie des flammes. La voûte de la porte de Pierres était tellement endommagée qu'il fallait la soutenir au moyen de sacs à terre montant jusqu'au sommet. La place, au contraire, restreignait chaque jour son feu, tirait modérément, afin de se réserver des ressources pour les derniers jours du siège et employait autant que possible les feux courbes exécutés par des pièces tout à fait invisibles à l'ennemi.

Ouverture de la troisième parallèle.

Le général de Werder décidait alors que l'ouverture de la 3e parallèle se ferait dans la nuit du 9 au 10 septembre devant les lunettes 53 et 55 d'où l'on cheminerait sur les bastions 11 et 12. Mais, avant de procéder à ce travail, on cherchait à détruire les travaux hydrauliques de l'assiégé et à reconnaître ses mines; les travaux faits sur le canal du Rhône au Rhin, sur le Rhin tortu, l'Ill supérieur et le Schwarzwasser produisirent assez peu de résultats. Il en fut de même d'un tir courbe sur l'Ecluse des pêcheurs qui ne put être entamée sérieusement; l'assiégeant réussit mieux dans sa recherche des mines. Il s'empara sans coup férir des galeries placées en avant de la lunette 53.

Le 9 septembre au soir on déboucha de trois points différents de la deuxième parallèle; l'assiégé ouvre le feu contre les têtes de sape qui sont réduites à marcher très lentement. Mais cette résistance ne dure que vingt-quatre heures, et, dans la nuit du 10 au 11, on reprend le travail à la sape volante, les cheminements sont terminés et l'on peut, dans la nuit du 11 au 12, ouvrir la troisième parallèle ; l'aspect des tranchées en partie inondées décide l'ennemi à renoncer à l'attaque projetée sur le bastion 12 parce que la pluie inonde le terrain, que le bastion 12 est précédé d'autres ouvrages, tous avec fossé plein d'eau, et qu'il est en outre muni d'un retranchement intérieur. Il est donc convenu que tous les efforts porteront sur le bastion 11, en passant par les lunettes 52 et 53.

Dans la nuit du 13 au 14, on débouche à la sape double contre les saillants des deux lunettes et, après avoir atteint la crête du glacis, on procède au couronnement qui est terminé le 18 septembre sans accident notable. En même temps on établit de nouvelles batteries de mortiers réunissant entre elles 26 mortiers dont 20 de 15 et 6 de 23 ; et l'on rapproche les batteries de canons. Les fusiliers de rempart, d'autre part, s'établissent dans les cheminements les plus avancés, et la précision de leur tir force l'assiégé à ne paraître qu'avec beaucoup de précautions sur le parapet.

Pendant ce temps les batteries badoises avaient incendié la citadelle dont il ne restait absolument rien. Plus tard, le magasin au bois de l'artillerie, la cathédrale et la préfecture étaient la proie des flammes.

La Suisse ayant envoyé des députés au général de Werder pour lui demander de recueillir les personnes sans asile et de les amener en Suisse, leur demande fut accueillie favorablement. Près de 2,000 personnes environ quittèrent la ville dès le premier jour ; d'autres auraient fait de même les jours suivants, mais le général de Werder retira l'autorisation donnée, sous prétexte qu'on en avait mésusé, et que les émigrants avaient excité de Bâle la résistance aux troupes allemandes dans la haute Alsace.

L'assiégeant était bientôt obligé d'employer des forces assez considérables contre l'île Jars, au nord du Contades ; les assiégés, placés derrière des abatis et des tranchées-abris, ne cessaient d'inquiéter les avant-postes, soit par leur tir, soit par les petites sorties de nuit; l'ennemi portait à cinq le nombre de compagnies de service sur ce point aux avant-postes; il remplaçait la passerelle de la tannerie Herrenschmitt par un pont de chevalets accessible aux voitures et couvert par une tête de pont. Enfin il tâchait d'employer l'artillerie contre les hôtes incommodes de l'île Jars, mais sans aucun succès, et l'assiégé se maintenait dans son poste.

Pendant que les travaux de l'assiégeant avançaient ainsi sur le front d'attaque, des engagements avaient lieu sur divers points du périmètre d'investissement, l'Orangerie, le Robertsau, l'île des Epis et le village de Neudorf. Une sortie assez forte fut exécutée le 15 septembre sur l'île des Epis, et une autre le 17, mais toutes deux sans succès. Une tentative était faite sur Neudorf le 15 ; mais tous ces efforts échouaient faute d'une direction précise et d'un but bien défini.

Attaque des lunettes 52 et 53.

Pendant que l'on opérait le couronnement du glacis, on procédait au tir en brèche contre la lunette 53. La batterie de mortiers n° 8 avait été transformée, et son armement remplacé par 4 canons de 15 cent. courts; le tir était indirect. L'observation des coups laissa quelque temps à désirer; mais l'ennemi étant parvenu, comme nous l'avons dit, à s'emparer des galeries de mines, on put placer les observateurs au débouché dans la contrescarpe. Au bout de trois jours de tir, et après 1,000 obus lancés, la brèche se forma, mais le mur de tête seul était abattu; les contreforts étaient debout et continuaient à supporter le parapet. La batterie n° 42 fut chargée de le renverser quelques moments avant l'assaut.

Le couronnement du chemin couvert terminé, on travaillait à la descente des fossés devant les lunettes 52 et 53. Le 19 septembre, la contrescarpe de cette dernière était renversée par la mine sur une longueur de 12 mètres. Le lendemain, on comblait le fossé au moyen de terre et de fascines; le travail se faisait sous le feu très vif de la place qui parvenait à interrompre les travaux. Une sortie faite en ce moment eût pu détruire les travaux de l'assiégeant; mais cette sortie ne se faisait pas parce que la lunette avait été évacuée la veille. Un lieutenant du génie prussien gravissait la brèche vers quatre heures du soir, l'ennemi l'y suivait sans obstacle et s'emparait de six pièces et de munitions. La lunette était immédiatement retournée contre la place.

Devant la lunette 52, on atteignait la contrescarpe le 19. Les feux de flanc très violents dirigés par les ouvrages en arrière forçaient l'ennemi à élever d'abord des masques en terre, qui, blindés ensuite avec des rails, formaient un abri suffisant contre les bombes; et ensuite à établir des contre-batteries dans le couronnement. Ces deux batteries étaient prêtes le 4 au matin; sous leur protection, on procédait au passage du fossé. Sa largeur de 60 mètres empêchait qu'on pût songer à le combler; on établit alors un pont sur des tonneaux empruntés aux caves de Schiltigheim. Le travail, commencé à 8 heures du soir, était terminé à 10 heures. La lunette n'étant pas revêtue, l'ennemi montait immédiatement à l'assaut; mais là, comme à la lunette 53, il ne trouvait aucune résistance; l'ouvrage était évacué. L'ennemi s'occupait immédiatement de retrancher la gorge. Tous ces travaux avaient été conduits avec assez de prudence pour ne pas éveiller l'attention de la place; mais le bruit produit par l'arrivée d'une compagnie du 1er régiment de landwehr de la garde prévenait enfin l'assiégé qui dirigeait alors un feu violent sur l'ouvrage. L'ennemi y perdait 49 hommes.

Ayant reconnu l'impossibilité de cheminer sur la caponnière submergée qui part de la lunette 53, on sortait en sape double par la gorge de la lunette 52 en se dirigeant suivant la capitale de la demi-lune 51. Dans la prévision de l'assaut futur, on prolongeait le couronnement des chemins couverts afin de pouvoir y loger les troupes; enfin, on remplaçait le pont de tonneaux, sujet à beaucoup d'inconvénients, par une digue en terre et fascines. Ces travaux aboutissaient au couronnement du glacis de la demi-lune le 25 au matin.

Ouverture des brèches aux bastions 11 et 12. — Capitulation de la place. — Réflexions.

En même temps, l'artillerie se rapprochait; de nouvelles batteries étaient construites dans le couronnement du chemin couvert et dans les ouvrages occupés. La brèche était confiée pour le bastion 11 à la batterie 42 établie dans le cimetière Sainte-Hélène ; pour le bastion 12, à la batterie 58 nouvellement établie près du saillant de la lunette 52. L'escarpe du bastion 11, très-visible, volait en éclats aux premiers coups de canon et les pierres projetées en avant forçaient les défenseurs de la contregarde à évacuer cet ouvrage. Après 600 coups tirés du 23 au matin au 24 à midi, la maçonnerie était détruite, et l'on attendait le moment de l'assaut pour faire tomber le parapet.

La brèche au bastion 12 était plus difficile, l'escarpe n'étant pas visible. Aussi n'était-ce que le 26 que l'on parvenait à pratiquer une brèche de 12 mètres de largeur seulement ; le parapet restait debout comme au bastion 11. Dans ces deux ouvrages, les terres étaient supportées par des voûtes en décharge, et il était bien peu probable que leur éboulement pût rendre la brèche praticable à une colonne d'assaut.

Malheureusement pour nous, les Allemands n'avaient nul besoin d'en venir à ce dernier effort ; le drapeau blanc était hissé le 27, à 5 heures du soir, au sommet de la cathédrale.

Le conseil de défense, réuni par le général Uhrich, déclarait à l'unanimité la capitulation nécessaire. Son avis était fondé sur ce que la résistance avait été continuée jusqu'à la dernière extrémité, que l'artillerie était hors de combat, que les remparts et les rues qui y conduisaient étaient criblés de projectiles d'une puissance inconnue jusqu'alors et que par conséquent toute troupe réunie sur ces points pour repousser l'assaut serait écrasée avant d'avoir combattu ; l'assiégeant devait donc atteindre les remparts sans tirer un coup de fusil et sans rencontrer même l'apparence d'une résistance.

La capitulation était signée le 28 septembre, à 2 heures de matin. La garnison était prisonnière de guerre; les gardes nationaux et les francs-tireurs étaient libres sous la condition de ne plus combattre pendant la durée de la guerre; les officiers de l'armée étaient libres à charge de s'engager sur l'honneur à ne plus porter les armes pendant la durée de la guerre; sinon ils devaient partager la captivité de leurs troupes.

A 11 heures du matin, la garnison, conduite par les généraux Uhrich, Barral et le contre-amiral Excelmans défila sur le glacis de la porte Nationale devant le général de Werder. Le mouvement s'exécuta d'abord avec beaucoup d'ordre; mais bientôt des soldats avinés, rompant leurs rangs, brisèrent leurs armes et les jettèrent dans les fossés de la place.

Deux régiments, trois bataillons de landwher, 2 batteries, 6 compagnies d'artillerie de place et 6 de pionniers étaient désignés pour occuper la place.

Le 30 septembre, le général de Werder fit son entrée dans la ville. Les ouvrages du front d'attaque et les bastions 11 et 12 étaient bouleversés, les canons démontés: l'intérieur de la citadelle, le faubourg de la porte de Pierres n'existaient plus; le musée, la galerie de tableaux, l'hôtel de ville, le théâtre, la caserne de Finckmatt, la bibiliothèque et ses 200,000 volumes, le temple neuf, le gymnase protestant, l'état-major de la place, 448 maisons étaient détruits; 10,000 personnes sans asile.

La garnison avait perdu 2,500 hommes, et 1,800 personnes de la ville avaient été tuées ou blessées. Les Allemands avaient perdu 39 officiers et 894 hommes; l'artillerie avait perdu 124 hommes et le génie 63.

Nous avons déjà fait connaître la composition de la garnison et montré le peu de résistance que pouvaient offrir de pareils éléments. D'autres causes encore amenaient la reddition de la place. La puissance de l'artillerie moderne est telle que toute place dépourvue de dehors voit bientôt ses édifices, ses maisons particulières en proie aux obus; la vie devient impossible dans des rues traversées par les éclats des projectiles, mitraillées par les obus à balles; les abris voûtés seuls peuvent offrir un refuge, et ils sont très rares dans l'intérieur des villes. L'artillerie française était notablement inférieure à celle de l'assiégeant, la fortification ne présentait que quelques rares casemates. Tous ces défauts influèrent sans doute sur la durée de la défense. Néanmoins, on est en droit de relever un certain nombre de fautes commises par elle.

La défense n'a su s'emparer d'aucun des dehors si faciles à défendre. L'occupation par la garnison de Königshoffen, Kronembourg, des rotondes de Schiltigheim, Bischeim eussent procuré aux Allemands bien des embarras, qu'ils n'auraient surmontés qu'après de longs combats.

La défense ne sut pas prévoir le point d'attaque; peu vigilante, elle se laissa surprendre par l'ouverture de la parallèle.

Ses sorties se firent toujours sans but bien déterminé. Jamais elles ne cherchèrent à prendre une position sur le flanc des cheminements. Cependant les effets de la lunette 44 et des tirailleurs embusqués dans l'île Jars auraient dû montrer l'utilité de ces positions avancées sur les flancs,

Les lunettes 52, 53, 54 ne subirent aucun assaut. Elles furent évacuées sans motif suffisant, bien que la fortification eût pratiqué toutes les ressources possibles à la défense.

On ne construisit pas d'ouvrages prenant les attaques en flancs. Ces ouvrages gênent la marche des approches et forcent l'assiégeant à développer son front, cause d'affaiblissement.

On n'usa point dans la défense rapprochée des petites sorties qui, répétées fréquemment, sont un des meilleurs obstacles à opposer aux progrès de l'assiégeant.

Le front d'attaque ne fut pas suffisamment renforcé d'artillerie et de blindages. Il ne fut pas pourvu d'un retranchement intérieur.

Les brèches des bastions 11 et 12 n'étaient pas praticables; et l'eussent-elles été, les règlements interdisent toute capitulation, si l'on n'a pas subi au moins un assaut sur une brèche praticable.

De tout temps les rues de rempart ont été sillonnées par l'artillerie sans que cela empêchât d'attendre l'assaut.

La défense n'a pas été portée à sa dernière limite, puisque l'on n'avait subi aucun assaut, fait aucun retranchement intérieur et puisqu'enfin on ne recourait pas à la guerre des rues et de maisons. L'Ill qui passe derrière les fronts attaqués eût fourni un nouvel obstacle difficile à franchir.

Enfin aucune capitulation ne doit permettre aux officiers de se séparer de leurs soldats. Nous verrons plus tard que la place de Belfort avec une garnison aussi mêlée que celle de Strasbourg, avec ses maisons réduites en ruines, en proie à la même artillerie que Strasbourg et avec des ressources bien inférieures en tout genre, a pu prolonger sa défense pendant des mois entiers et sortir libre de ce long combat. Ce que Belfort a fait, Strasbourg pouvait donc le faire.

Les Allemands ont employé avec succès les fusils de rempart.

Pendant le siège le général de Werder avait dû faire parcourir les Vosges et les Hautes-Alpes par de petites colonnes pour s'assurer contre les entreprises des francs-tireurs. L'une de ces colonnes entrait à Colmar et à Mulhouse et rétrogradait ensuite sur Strasbourg. Dans ces petites expéditions, il se produisait une série d'engagements sans importance. Toutefois bien qu'on ne trouvât nulle part de résistance sérieuse, la population était hostile et le pays peu sûr.

CHAPITRE V.

OPÉRATIONS DEVANT PARIS DEPUIS LE 20 SEPTEMBRE JUSQU'A LA FIN D'OCTOBRE.

Tracé des lignes d'investissement.

Les premiers jours de l'investissement de Paris furent consacrés par l'armée prussienne à s'établir dans ses positions; nous allons les décrire sommairement.

La ligne des avant-postes de l'armée de la Meuse partait de Chatou sur la Seine prenait par la Barre, les Carnaux, Pierrefitte et Stains, s'étendait vers Dugny et de là par le Bourget jusqu'à la forêt de Bondy où elle s'infléchissait vers le sud-est. A part la zone découverte située au sud du ruisseau de Morée, cette ligne était protégée par des tranchées-abris, des barricades, des villages organisés défensivement. La lisière occidentale de la forêt de Bondy était bordée d'abatis; à l'extrême gauche le terrain se prêtait moins bien à la défense, on avait donc retranché le terrain compris entre le canal de l'Ourcq et la Marne pour servir de position de retraite aux troupes placées en première ligne de ce côté.

En arrière des avant-postes, le prince royal de Saxe avait choisi une position pour y livrer bataille dans le cas d'une attaque sérieuse. Cette position, à 11 kilomètres environ de l'enceinte, s'étendait depuis Orgemont, au nord d'Argenteuil, jusqu'à la Marne.

La droite de cette ligne passait par Saint-Gratien, Enghien, le plateau de Montmorency, se prolongeait le long de la crête sud-est vers Saint-Brice, passait en avant de Sarcelles et d'Arnouville pour se terminer au Croud. Tous ces villages étaient fortifiés sur leur face sud et reliés entre eux par des ouvrages pour l'infanterie, des emplacements de batterie, des abatis, des tranchées-abris. Toutes les routes et les voies ferrées se dirigeant vers le nord étaient battues au loin. Pour assurer le flanc droit, la presqu'île d'Argenteuil avait été fortifiée et le pont du chemin de fer, près Bezons, avait été coupé.

Le centre était formé par les terrains en glacis de la rive droite de la Morée. Sur ce point le quartier général avait fait détourner le canal de l'Ourcq dont les eaux se déversant alors dans la Morée formaient une inondation assez vaste et profonde s'étendant au nord vers Dugny. Les routes qui traversaient l'inondation étaient couvertes par des têtes de pont établies à Dugny, Pont-Iblon et au Blanc-Mesnil. La forêt de Bondy empêchait à l'est l'emploi de l'artillerie. Aulnay-lès-Bondy, Sevran, Livry, Clichy, Montfermeil et Chelles y formaient les points principaux de résistance.

Le secteur entre Seine et Marne était occupé par la division wurtembergoise et par le XIe corps. Les avant-postes bordaient la rive gauche de la Marne jusqu'à Nogent, se dirigeaient ensuite vers Joinville, passaient par Champigny et Bonneuil, laissaient Créteil en avant du front et se prolongeaient à l'ouest vers la Seine.

Les points principaux de défense étaient les villages de Noisy, Villiers, Cœuilly, et le plateau compris entre Sucy et Limeil. Du côté de la Marne, il était recommandé de tenir le plus longtemps possible en première ligne. Aussi les points d'appui de première et de deuxième ligne étaient également organisés pour la défense, et reliés entre eux par des tranchées-abris pour l'infanterie, des emplacements de batterie, des retranchements et des abatis.

Le VIe corps avait tenté d'établir ses avant-postes dans le village de Villejuif, la redoute des Hautes-Bruyères et le moulin Saquet qui avaient été abandonnés par la défense. L'ennemi sur un faux renseignement d'après lequel les forts étaient, dit-on, désarmés, tentait une reconnaissance le 21 septembre au soir. Le lendemain 22, il tentait de s'installer dans les ouvrages. Le même jour la défense avait résolu de s'en emparer. De ces deux mouvements simultanés résultait un combat assez vif à la suite duquel les ouvrages tombaient au pouvoir de la défense qui ne perdait pas de temps à les armer. Les lignes du VIe corps étaient donc reportées en arrière. Les lignes de défense étaient déterminées par les routes de Choisy-le-Roi à l'Hay et Fresne et par celle d'Orly à Rongis. Le front était défendu par les mêmes procédés que nous avons déjà décrits.

Les avant-postes du XIe corps bavarois partaient de la Bièvre, passaient en avant de Bourg-la-Reine, bordaient la face nord de Bagneux et de Châtillon, la face sud de Clamart et se prolongeaient sous le bois de Meudon jusqu'à la route menant au château. Une ligne de défense s'étendait de Bourg-la-Reine à la ferme de Trivaux, en passant par Sceaux et le Plessis-Picquet. Une autre ligne passait par la Croix-de-Berny, Malabry et Villacoublay. Le centre de résistance de la ligne d'avant-postes était la redoute de Châtillon retournée contre nous.

Le Ve corps fermait le contour de l'investissement.

La chaîne des avant-postes partait de l'étang de Chalais, passait par Meudon et Bellevue, gagnait la lisière nord du parc de Saint-Cloud et rejoignait la Seine entre Bougival et Croissy. Des garnisons permanentes étaient établies à Meudon, à Saint-Cloud et à Bellevue. Des postes détachés occupaient Montretout et la Malmaison.

Les obstacles les plus considérables avaient été accumulés sur la première ligne, tranchées-abris, barricades, abatis, ouvrages en terre, villages organisés défensivement, batteries dominantes, réseaux de fil de fer. La ligne de défense se développait sur les hauteurs de la Bergerie, la Celle-Saint-Cloud, ayant pour points d'appui l'hospice Brézin, le haras, le parc Metternich et Bougival. Les positions de retraite étaient marquées par plusieurs batteries étagées sur les pentes qui s'élèvent vers Versailles.

Trois divisions de cavalerie couvraient les derrières de l'armée sur la rive gauche de la Seine. Des ponts nombreux jetés en amont et en aval de Paris, sur la Marne et sur la Seine, assuraient les communications entre les diverses parties des armées assiégeantes. Des lignes télégraphiques multipliées reliaient les quartiers généraux. Enfin bien que les cantonnements occupés fussent abondants en ressources de toutes sortes, on organisait, afin d'assurer la régularité des distributions, un service de ravitaillement partant du fond de l'Allemagne.

Les forces ainsi réunies devant Paris comptaient 168,000 hommes d'infanterie, 13,000 de cavalerie et 672 pièces de campagne. Elles occupaient une ligne de 100 kilomètres environ, ce qui portait la densité de la ligne d'investissement à 1,98. On voit combien cette proportion était faible pour résister aux nombreuses troupes enfermées dans la capitale qui pouvaient à tout moment déboucher avec des forces supérieures sur un point quelconque de ce vaste cercle. Malheureusement pour nous, nous avions beaucoup d'hommes, très peu de soldats. Néanmoins on pouvait espérer d'en former un certain nombre de façon à assurer le succès de quelques opérations, pourvu toutefois que les projets ne fussent pas divulgués d'avance, qu'on ne fît pas de rassemblements tardifs et prolongés en vue de l'ennemi, et que ni les drapeaux ni les canonnades des forts n'annonçassent à l'ennemi une attaque imminente.

Combat de Bicêtre (30 septembre).

Le général Vinoy avait cru remarquer que sur le front sud les Prussiens se gardaient mal, et qu'il serait possible au moyen d'une attaque brusquée de repousser au loin les lignes d'investissement et notamment de dégager Choisy-le-Roi, où il supposait que l'ennemi avait un pont sur la Seine pour établir ses communications. Il proposa au gouverneur une attaque sur ce point. Celui-ci en approuvant le projet, le transforma, et en fit un véritable combat auquel prirent part 40,000 hommes.

Les troupes furent partagées en trois colonnes :

Colonne de droite, brigade Dumoulin de la division de Maud'huy marchant sur l'Hay.

Colonne du centre, brigade Guilhem de la division Blanchard marchant sur Chevilly.

Colonne de gauche, brigade Blaise de la division de Maud'huy, marchant sur Thiais et Choisy-le-Roi.

En réserve, la brigade Daudel de la division d'Exéa,

les mobiles de la Vendée et la brigade de cavalerie Cousin.

Sur la rive droite de la Seine, la brigade Mattat de la division d'Exéa et la brigade de cavalerie Bernis, devaient faire une démonstration sur Notre-Dame-des-Mèches. Enfin la brigade Susbielle de la division Blanchard devait occuper l'ennemi à l'extrême droite dans la vallée de la Bièvre.

On remarquera combien est défectueux cet ordre de bataille où l'on intercale comme à plaisir des brigades de divisions différentes. Une brigade de la division Blanchard est tout à fait séparée des autres. Les deux de la division de Maud'huy le sont par une de la division Blanchard. Les démonstrations sur les deux ailes sont faites avec des forces insuffisantes distraites à tort de l'attaque principale, sur le front de laquelle il n'y a de fait que 25,000 hommes répartis sur un front de 6 kilomètres. Or, comme l'expérience nous l'a déjà prouvé, une densité de 4 hommes par mètre courant est très insuffisante pour une attaque contre des troupes non retranchées. Ici l'on avait en face de soi des villages fortifiés défendus par des troupes excellentes; on pouvait donc prévoir sans autre calcul que l'attaque serait repoussée.

L'affaire débuta dans la matinée du 30 septembre, par une violente canonnade des forts sur la ligne que l'on se proposait d'attaquer. Ce feu dura une demi-heure. Si l'ennemi n'avait pas déjà vu le rassemblement de troupes qui se faisait au-devant de lui, ce vacarme ne pouvait servir qu'à l'informer de notre point d'attaque et à en prévenir tous les points voisins de la ligne d'investissement. C'était faire une fausse application du principe qui veut que toute attaque d'infanterie soit préparée par un feu d'artillerie. Ce principe excellent sur un champ de bataille ne vaut rien dans un siège. En effet, l'ennemi qui veille le long de ses lignes ne sait pas où tombera l'orage. Une canonnade de ce genre le renseigne sur-le-champ, et sa durée ne fait que lui faciliter le moyen de réunir les troupes nécessaires à la défense.

Le feu des forts cessait à peine que nos troupes s'ébranlaient. La brigade Blaise se déploie devant Thiais et Choisy-le-Roi; le 12e de marche attaque de front; le 11e tourne la position. Un mur crénelé est enlevé tout d'abord; les Prussiens rétrogradent jusque sur Choisy. Le 11e de marche enlève un nouveau mur crénelé et force à la retraite une batterie de 10 pièces. Le combat continue autour de Choisy; nos soldats arrêtés par un troisième mur plient devant une attaque des Prussiens. On les rallie à quelque distance, on les lance de nouveau, et tous les obstacles sont enlevés : mais mis en désordre par leur succès, et aucune réserve massée ne les appuyant, ils sont contraints de céder devant un retour offensif. La retraite s'exécute en bon ordre et à 9 heures les derniers groupes de la brigade se replient derrière Villejuif. Du côté des Prussiens, le 22e régiment avait combattu à Choisy et Thiais; le 62e avait fait face au 11e.

Pendant ce temps la brigade Guilhem déployait le 35e devant Chevilly, tandis que le 42e se portait à l'est du village. Dès le premier choc les avant-postes ennemis étaient repliés; on pénétrait de toutes parts dans Chevilly et le combat s'établissait sur la lisière sud. Mais le 42e était bientôt arrêté dans son mouvement. Le général Guilhem était tué glorieusement à la tête des deux bataillons qu'il lançait à l'attaque. Sa mort nuisait à la direction du combat, et bientôt le 42e était contraint de se replier sur le carrefour à l'est du village. Là, il répond quelque temps aux feux convergents dirigés sur lui de Thiais, de Chevilly et de la Belle-Epine; puis attaqué par le 63e prussien, il se replie sur les pépinières qui avoisinent la Saussaye.

Pendant ce temps le 35e luttait corps à corps avec l'ennemi. Celui-ci renforcé par les troupes de la 11e division regagnait lentement le terrain perdu, et au moment où le 42e se repliait sur la Saussaye, le 35e n'occupait plus qu'une ferme située sur la lisière nord est. L'ennemi fait alors un effort vigoureux, et pousse un bataillon sur la grande route, dans la direction du nord. Le 42e abandonne la Saussaye et le 35e à son tour se replie. Tous deux viennent se rallier derrière la redoute des Hautes-Bruyères, tandis que la brigade Cousin se déploie pour masquer la retraite.

Du côté de l'Hay nous étions aussi peu heureux. Nos tirailleurs prenaient de suite pied dans les vignes qui entourent ce village. Mais arrivés devant la barricade qui fermait l'entrée nord du village, le 9e régiment était contraint de s'arrêter. Le 10e parvenait à 200 mètres des murs du parc et du cimetière; mais accueilli par les feux qui partaient de ces murs, il rétrogradait dans la direction de Villejuif. Vers huit heures du matin une compagnie prussienne qui avait filé le long de la Bièvre, se jetait sur son flanc droit, pendant qu'une autre l'attaquait de face. La retraite se prononçait bientôt et la brigade se retirait en désordre sur les Hautes-Bruyères.

L'affaire se terminait comme elle avait commencé, par une violente canonnade des forts. L'ennemi avait perdu 28 officiers et 413 hommes. Nous avions perdu plus de cinq fois ce chiffre, et nous avions à pleurer la mort du brave général Guilhem. Les Prussiens ramenèrent aux avant-postes son cercueil couronné de fleurs et lui rendirent les honneurs militaires. Un décret du Gouvernement ordonna que ses obsèques seraient faites aux frais de l'Etat.

Quant aux diversions opérées par la brigade Mattat d'un côté et la brigade Susbielle de l'autre, elles avaient été faites mollement et n'avaient pas un seul instant trompé l'ennemi. On s'imagine souvent qu'une démonstration doit se borner à quelques tirailleries sans importance. C'est une erreur. Pour qu'elles obtiennent un résultat, il faut qu'elles soient exécutées assez vivement et poussées assez à fond pour que l'ennemi puisse s'imaginer qu'il a affaire à l'attaque principale et qu'il dégarnisse ses autres points pour renforcer celui-là.

Travaux de contre-approche.

A la suite de cette tentative infructueuse pour reculer la ligne d'investissement le général du génie Tripier proposait l'emploi de contre-approches. D'après ses conseils, les ouvrages de Villejuif étaient continués et reliés par des cheminements avec les épaulements établis en avant. Le 8 octobre les défenseurs s'établissaient dans le village de Cachan. En même temps, l'aqueduc d'Arcueil à sec était utilisé pour établir une communication couverte entre les Hautes-Bruyères et la fabrique de la Grange-Ory située en avant. Le 8 octobre un régiment de gardes mobiles débouchait à l'improviste de ce point et chassait une grand'garde bavaroise établie à la maison Pichon ; la ligne d'avant-poste se repliait sur Bourg-la-Reine, et nos troupes se hâtaient de fortifier les positions conquises de Cachan et de la maison Pichon. Les tentatives des Allemands pour s'opposer à ces travaux restaient infructueuses et le feu de leur artillerie était à chaque fois éteint par celui de la place.

L'heureux effet de ces contre-approches est bon à remarquer. Les Russes s'en étaient déjà servis avec un grand succès au siège de Sébastopol. Leur tracé diffère de celui des tranchées de siège. Il faut en effet les diriger de façon qu'elles soient toujours enfilées par les feux de la place afin que l'ennemi ne puisse s'en servir plus tard en les retournant. A mesure que l'on avance on doit établir une série de places d'armes en les tenant toujours plus rapprochées des travailleurs que ceux-ci ne le sont des lignes ennemies.

Les Prussiens envoient des troupes sur la Loire.

Pendant ce temps le XIe corps et le Ier corps bavarois ayant terminé leur mission à Sedan, étaient venus renforcer la section sud d'investissement. Mais dès le 6 octobre, on recevait la nouvelle de la formation d'une armée sur la Loire et le renfort à peine arrivé était en partie employé à couvrir les derrières de l'armée. Le Ier corps Bavarois et la 22e division étaient chargés de cette mission. Mais leur départ allait être compensé par l'arrivée de la 17e division et de la Landwehr de la garde. La 17e division occupait les portes entre Bonneuil et la Seine. La 21e et l'artillerie du XIe corps prenaient position de Meudon à Sèvres. Enfin la Landwehr de la garde s'établissait à Saint-Germain-en-Laye. Le grand quartier général était transféré de Ferrières à Versailles.

Combat de Bagneux (13 octobre.)

Tous ces mouvements de troupes avaient attiré l'attention de la place. Le général Trochu désirant savoir ce qui se passait sur ce front, prescrivait au général Vinoy de faire une reconnaissance générale des positions ennemies et de forcer l'assiégeant à déployer toutes ses troupes. Le 13 octobre à 9 heures du matin le fort de Vanves donnait le signal de l'attaque. Les troupes françaises étaient formées en deux colonnes. La brigade Susbielle attaquait Châtillon, le régiment de mobiles de la Côte-d'Or et le bataillon du commandant de Dampierre attaquaient Bagneux soutenus par la brigade Charrière de la division de Caussade. La brigade Dumoulin servait de réserve. Enfin cinq compagnies de gardes forestiers devaient faire une démonstration sur Clamart. Toutes ces troupes se montaient à environ 25,000 hommes.

Les mobiles de la Côte-d'Or partant de la maison Pichon se dirigent sur Bagneux, tandis qu'un de leurs bataillons tourne le village par leur gauche, et le 35e se déploie devant la Grange-Ory. Du premier élan ils pénètrent dans le village et repoussent les chasseurs bavarois jusqu'au carrefour à l'intérieur. Ceux-ci s'y maintiennent quelque temps. Mais le bataillon qui avait tourné le village s'empare de quelques habitations au sud-est et un bataillon du 35e entre en ligne à son tour et attaque de front, tandis que les deux autres bataillons du même régiment poussent à l'ouest Les Bavarois sont contraints d'abandonner le village et se replient sur une position à cheval sur la route de Fontenay occupée par un bataillon. Le feu de cette position secondé par les feux de flanc provenant de

Châtillon arrêtent l'assaillant qui se met en devoir de fortifier Bagneux, dont la position à 1,500 mètres du fort de Montrouge rend la possession importante.

Pendant ce temps, la brigade Susbielle attaquait Châtillon. La première rangée de maisons était immédiatement occupée par deux bataillons de marche et une fusillade nourrie s'établissait entre eux et le 3e bataillon du 1er régiment bavarois. Une barricade placée en travers de la grande route était mitraillée avec succès par deux pièces de campagne, mais les murs crénelés arrêtaient l'assaillant qui était obligé de recourir à la sape à travers les maisons. Les progrès étaient donc lents de ce côté, néanmoins la barricade finissait par être enlevée et les Bavarois se repliaient dans la partie sud du village.

En même temps à droite de la brigade Susbielle deux bataillons du 17e régiment de marche s'emparaient de Clamart qui n'était pas encore protégé par les ouvrages élevés plus tard. Mais là les efforts étaient bientôt paralysés par l'arrivée en ligne des troupes de la 1re division.

Le général Vinoy ordonne la retraite.

Arrivé à ce point, le combat restait stationnaire pendant quelque temps. L'artillerie allemande était entrée en jeu vers 10 h. et demi ; et se renforçait successivement vers deux heures de l'après-midi. Le général Vinoy voyant arriver de nouveaux renforts d'artillerie et satisfait d'avoir forcé l'ennemi à se déployer donnait l'ordre de la retraite. Presque simultanément les Allemands se portaient en avant.

A leur droite un bataillon reprenait les maisons

au sud-est de Bagneux occupées par les mobiles pendant que le 10e bataillon de chasseurs se lançait à l'ouest du village.

Les troupes à cheval sur la route de Fontenay se portaient en même temps directement sur le point à enlever. Elles ne parvenaient à s'emparer du village qu'au prix d'une lutte soutenue pied à pied par nos troupes en retraite. Il en était de même à Châtillon. La barricade enlevée par nos troupes était abandon née trop tard car elles avaient à souffrir dans leur retraite de feux de flanc et de revers.

Du côté de Clamart l'action de l'artillerie prussienne était complètement paralysée par la place.

Peu à peu la retraite s'accentuait, nos troupes abandonnaient les positions conquises et même Bagneux que le général Trochu jugeait inutile de conserver.

Attaque des villages. — Emploi de la sape.

Cette affaire avait été considérablement facilitée par les contre-approches établies les jours précédents. Le village de Bagneux avait été pris et repris par les deux partis en procédant de la même façon. Des colonnes s'étaient jetées à droite et à gauche du village et lorsque leurs progrès avaient été suffisamment poussés, elles s'étaient jetées dans les maisons en même temps que les troupes qui attaquaient de front. On avait été contraint de recourir à la sape pour s'emparer de Châtillon. C'est un fait presque sans exemple dans l'histoire des batailles; il montre la force de résistance que les nouvelles armes donnent aux moindres obstacles. Nos troupes s'étaient bien montrées, et n'avaient cédé le village aux Bavarois que sur les ordres du général Vinoy. Il était néanmoins fâcheux qu'on eût abandonné Bagneux qui pouvait servir de point d'appui à une nouvelle attaque pour repousser les lignes de l'ennemi. Les Bavarois avaient perdu 360 hommes appartenant en grande partie à la 8e brigade d'infanterie. Le 3e bataillon du 1er régiment qui défendait Châtillon avait perdu à lui seul 126 hommes. Nos pertes ne montaient qu'à 200 hommes. Mais on avait à regretter la mort du brave commandant de Dampierre.

Le jour même du combat de Bagneux, le château de Saint-Cloud était la proie des flammes allumées par les obus du Mont-Valérien. On ne parvenait à sauver qu'une très petite partie des objets d'art qui y étaient réunis.

Projets de sortie.

Ces diverses rencontres avaient fait voir que les Allemands ne songeaient pas à faire le siège régulier de la place, mais qu'ils se contenteraient d'un simple blocus. Il devenait dès lors utile de chercher à percer les lignes d'investissement, et l'on étudiait un plan de sortie. L'examen du terrain en désignait quatre : 1° le plateau de Villejuif; 2° la position de Joinville; 3° la plaine au nord-ouest de Saint-Denis; 4° la presqu'île de Gennevilliers. Ces quatre directions n'étaient pas également bonnes. Pour le succès du combat qui devait ouvrir les portes à l'armée de sortie, le côté de Joinville entre Seine-et-Marne présentait de grands avantages stratégiques. Mais en considérant que l'armée ne pouvait emmener aucun convoi, on se décidait à percer dans une région ayant un libre accès à la mer, qui permettrait d'assurer les approvisionnements.

Dans ce but on se proposait d'attaquer par Argenteuil la presqu'île de Houilles, de franchir les hauteurs qui la ferment au nord. On se mettrait ensuite en marche pour Rouen, et l'on attirerait à soi l'armée de la Loire.

Ce projet avait de graves défauts. Il ne paraît pas bien sage de marcher vers le nord pour se réunir à une armée qui est au sud. La jonction de deux armées situées à de pareilles distances l'une de l'autre était soumise à bien des chances diverses. L'armée de la Loire exposée à une marche de flanc aussi longue que dangereuse, ne rencontrerait-elle pas d'obstacles sur sa route ? Et si elle en rencontrait, pourrait-elle les surmonter réduite à ses propres forces ?

Combat de Buzenval (21 octobre). — Description du terrain.

Pendant que cette étude se poursuivait, on cherchait à se rendre compte du degré de résistance que pouvaient offrir nos jeunes troupes à peine dressées. Dans ce but on fixait au 21 octobre l'exécution d'une sortie dans la direction de Versailles. On voulait de ce côté élargir la ligne d'investissement et établir au moulin des Gibets sur le revers ouest du Mont-Valérien un ouvrage qui commanderait le cours de la Seine autour d'Argenteuil, de la Malmaison aux Carrières Saint-Denis. 10,000 hommes et 120 pièces de campagne devaient prendre part à cette opération. Cette proposition inusitée d'artillerie devait donner de la confiance à nos jeunes troupes et leur permettre d'aborder sans trop de risques les retranchements prussiens.

Les lignes à enlever se trouvaient à l'ouest du Mont-Valérien. Elles s'étendaient du bord de la Seine en face de Croissy jusqu'au château de Buzenval. Elles comprenaient la Malmaison dont on avait organisé défensivement les murs du parc : la porte du Long-Boyau et le parc de Buzenval organisés de même. Entre les murs de ces deux parcs était une trouée descendant jusqu'au ravin de Saint-Cucufa. Ce ravin courait derrière les positions allemandes. De l'autre côté du ravin s'étendait une longue suite d'abatis dominés par le pavillon et les bois de la Jonchère, la Celle-Saint-Cloud, le haras, et la ferme de la Bergerie. La rangée d'abatis placée sur les bords du ravin rendait difficile la communication entre ces deux lignes.

En face de la Malmaison, et de notre côté, se trouve le village de Rueil ; en face de la trouée descendant au ravin sont le parc de Richelieu et la maison Crochard. En face de Buzenval est un terrain découvert allant de la maison Crochard à la ferme de la Fouilleuse et de là à la Briqueterie. En arrière de cette ligne est le Mont-Valérien ayant à sa droite le moulin des Gibets.

Les troupes étaient divisées en quatre colonnes : les deux de droite devaient attaquer la Malmaison, une troisième marcherait sur Buzenval, tandis que la quatrième protégerait le flanc gauche du côté de St-Cloud.

Le Mont-Valérien donne le signal de l'attaque.

Dès huit heures 1/2 du matin le Mont-Valérien entame une vive canonnade sur les ouvrages situés au nord-ouest de Rueil. Déjà depuis plusieurs jours les postes d'observation allemands avaient signalé des préparatifs d'attaque ; vers midi on signalait l'approche des troupes ; à une heure, le fort hisse le pavillon de combat, pavillon très visible au loin et dont la signification était bien connue des deux partis. Aussitôt l'artillerie sous les ordres du général Boissonnet va prendre position. Trois batteries s'établissent de chaque côté de Rueil, trois autres entre la Fouilleuse et la Briqueterie ; et huit autres sur la terrasse située sur les pentes du Mont-Valérien. Pendant ce temps la colonne de droite, général Berthaut, gagne la lisière du village de Rueil et déploie les tirailleurs contre la Malmaison ; la deuxième colonne, général Noël, rassemblée derrière le parc de Richelieu en fait autant. Le colonel Cholleton débouche de la maison Crochard sur le parc de Buzenval, tandis que le général Martenot prend position à la Briqueterie. La réserve, sous les ordres du colonel Paturel, se place au moulin des Gibets.

Le combat s'engage du côté de la Malmaison avec les avant-postes de la 19e brigade; ceux-ci se replient lentement dans l'intérieur du parc. Pendant ce temps les troupes allemandes garnissent la ligne de défense qui s'étend de la Jonchère le long de la lisière du bois jusqu'au ravin de Saint-Cucufa. Protégées par les abatis dont nous avons parlé à l'extrême gauche des allemands, trois compagnies occupent Bougival, douze sont sur la ligne dont nous venons de parler et quatre sont en réserve à la villa Metternich. Les 5e batteries lourde et légère cherchent en vain à soutenir le combat. Vers 3 heures quatre compagnies de zouaves s'avancent de Rueil sur Bougival, et s'en rapprochent jusques à 1,400 pas; mais en butte aux feux qui partent de la Jonchère, elles se jettent à gauche dans le parc de Buzenval dans les murs duquel la dynamite a pratiqué des brèches. Les avant-postes du 46e en sont rapidement chassés, et les zouaves bordent la face occidentale du parc. Il faut alors franchir le ravin. Une compagnie y parvient et prend pied dans un pavillon en bois placé sur la rive opposée ; elle est bientôt rejointe par deux autres compagnies et quelques francs tireurs.

Pendant ce temps les autres troupes françaises se déployaient de la Malmaison à Buzenval le long de la crête du ravin; le château avait été occupé sans résistance. Le combat est engagé sur le front. Une batterie et quatre mitrailleuses prennent place à la gauche de la Malmaison; une autre batterie et deux mitrailleuses s'avancent par la porte de Long-Boyau jusque sur la ligne des tirailleurs.

Du côté des Allemands la 19e brigade était engagée toute entière. Le 50e régiment vient renforcer la ligne. Le 1er bataillon est dirigé sur la villa Metternich, le 2e sur la crête du ravin, le 3e en avant de la Celle-Saint-Cloud. Deux compagnies de landwehr de la garde viennent en outre de Saint-Germain prendre part au combat.

L'ennemi enlève la Malmaison et Buzenval. — Retraite des Français.

Vers quatre heures du soir la force d'impulsion des colonnes françaises paraissait épuisée. Sept compagnies prussiennes traversent au pas de charge la hauteur de la Jonchère et se jettent sur le parc de la Malmaison ; trois autres compagnies, parties de Bougival, en font autant. Les zouaves opposent une résistance acharnée; mais ils sont forcés de céder au nombre et reculent en combattant vigoureusement. Les murs du côté oriental du parc sont abattus pour faciliter l'écoulement des troupes. La ligne plie et rétrograde sur Rueil, poursuivie par l'ennemi; mais celui-ci est contenu aux abords du village par le feu de deux mitrailleuses.

En face de la trouée dont nous venons de parler, le 2e bataillon du 50e marchait sur la porte de Long-Boyau. Il s'unissait à l'aile droite de la 19e brigade repoussait nos tirailleurs, et s'emparait de deux pièces de la batterie qui y était placée, malgré la vigoureuse résistance opposée par l'infanterie. Il parvenait bientôt à occuper le château de Buzenval. Les Français abandonnaient alors l'attaque, ils avaient perdu 500 hommes tués ou blessés et 120 prisonniers. La perte des Allemands montait à 400 hommes. Les forces employées étaient à peu près égales. Les pertes des assaillants atteignaient 1/20e de l'effectif, ce qui est fort peu quand on attaque des retranchements. Les Prussiens avaient perdu un peu moins du vingtième, mais ce qui témoigne la vigueur de l'attaque, c'est que les morts dépassent la moitié du nombre des blessés, tandis que la proportion habituelle est du cinquième. Somme toute, nos troupes, presque exclusivement composées de gardes mobiles avaient montré qu'elles pouvaient entrer en ligne avec les soldats éprouvés de l'ennemi. Les attaques avaient été vigoureusement conduites. Malheureusement, elles avaient été annoncées longtemps à l'avance par la canonnade intempestive du Mont-Valérien et par ce drapeau visible d'un immense pourtour des lignes d'investissement et dont la signification bien connue de l'ennemi ne servait guère qu'à le mettre en garde.

Projet d'un siège en règle.

Sur ces entrefaites l'état major allemand avait décidé que le bombardement d'une place aussi vaste étant manifestement sans effet pour amener une capitulation, il serait fait entre les forts d'Issy et de Vanves, une attaque en règle qui serait confiée à la 3e armée et contre le front nord-ouest, une autre confiée à l'armée de la Meuse. On nommait un commandant de l'artillerie et un commandant du génie pour chacune de ces deux attaques, et l'on prenait les dispositions nécessaires pour faire venir d'Allemagne l'équipage de siége. On regardait comme possible d'installer 92 pièces de siège sur les hauteurs en face d'Issy et de Vanves.

Pour préparer l'action contre le front nord-ouest, l'armée de la Meuse recevait l'ordre d'étendre sa droite jusques dans la presqu'île de Gennevilliers. Ce mouvement était devenu possible depuis que l'inondation du ruisseau de la Morée avait permis de réduire l'effectif des troupes sur une portion notable de la ligne d'investissement. Ce mouvement s'exécutait les 11 octobre et jours suivants. Mais lorsqu'il fallut s'engager dans la presqu'île de Gennevilliers, on reconnut que la défense avait réoccupé les ouvrages primitivement abandonnés, et que de Puteaux à Asnières s'étalait une formidable artillerie dominant la presqu'île. Dans ces conditions on renonçait à l'attaque projetée contre le front nord-ouest.

Combats du Bourget (28, 29 et 30 octobre).

Les travaux de l'assiégeant au nord de Paris n'avaient jusques alors été troublés par aucune attaque. La défense était restée dans une inaction parfaite, à tel point que l'ennemi avait enlevé sans obstacle 15 wagons laissés dans la gare du Bourget. Cette inaction peut s'expliquer par ce fait que l'on ne disposait sur ce front d'aucune vieille troupe. Aussi ce fut une surprise extrême lorsque le 28, à 5 heures du matin, une compagnie des grenadiers de la garde, qui venait de prendre le service au Bourget, se vit brusquement assaillie par une violente fusillade. La compagnie se rallie à l'autre extrémité du village, et au jour naissant elle aperçoit devant elle trois bataillons qui la poussent vivement. La compagnie se retire sur le Blanc-Mesnil et Pont-Iblon. Les Français se hâtent de fortifier le Bourget et de s'y installer : un combat d'artillerie entre les ouvrages de Saint-Denis et les pièces de la garde à Pont-Iblon dure jusqu'à 4 heures du soir. Vers 7 heures 1/2 un bataillon prussien tente un retour offensif. Il s'avance sans obstacle fort près du village, quand tout à coup éclate une fusillade à bout portant qui le force à reculer.

Le lendemain 29, 30 pièces de la garde, en batterie derrière le Pont-Iblon, canonnent le village pendant toute la journée sans parvenir à en chasser les défenseurs.

Bien que la possession du Bourget sous le feu des ouvrages de Saint-Denis parût devoir être très précaire, le prince Royal ordonnait de le reprendre dans la journée du 30. La 2e division de la garde était chargée d'exécuter cet ordre.

De 8 heures à 8 1/2 l'ennemi s'ébranlait en trois colonnes. Le village du Bourget allongé sur la grand'-route présente une forme peu favorable à la défense. L'extrémité nord forme une saillie facile à envelopper et naturellement indiquée comme un point d'attaque. Le village étant très étroit, l'attaque qui se produit sur l'une des faces prend l'autre à revers. D'autre part la défense est favorisée par l'épaisseur et la solidité des constructions. Le village fut opiniâtrement défendu. La lutte fut acharnée autour de l'église, dans une bergerie et dans une grosse construction à l'est du village, où l'on en venait au combat à coups de crosse et de baïonnette. Du reste, rien à remarquer au point de vue de la conduite de l'affaire. L'ennemi restait maître du village à 11 heures du matin. Mais son succès lui avait coûté près de 500 hommes. Il y avait là comme à la Malmaison un tué pour deux blessés. De notre côté nous perdions 1,200 hommes faits prisonniers. Cet échec impressionnait douloureusement la population parisienne.

Effectif de l'armée prussienne devant Paris au 31 octobre, et des troupes d'étape.

Le 31 octobre on comptait devant Paris 178,687 fantassins, 17,000 cavaliers et 672 pièces de campagne. Vers la même époque les lignes d'étape étaient réorganisées, et l'on répartissait de nouveau les troupes destinées à les garder. Elles ne comptaient pas moins de 85 bataillons à 1,200 hommes, de 33 escadrons et 9 batteries et demie. C'était près de 120,000 hommes occupés à garder les derrières de l'armée. On réparait le tunnel de Nanteuil et les ponts de la Marne ; on ne disposait en ce moment que d'une seule voie ferrée pour les approvisionnements des deux armées devant Paris et pour le transport du matériel de siège. Tout était débarqué à Nanteuil-sur-Marne et prenait la voie de terre. Le parc de siège était à Villacoublay, à 90 kilomètres de Nanteuil. Le transport de ce matériel ne se faisait qu'avec beaucoup de peine et à un prix exorbitant.

CHAPITRE VI.

PRISE DE SOISSONS. — PREMIÈRES AFFAIRES SUR LA LOIRE ET DANS LE NORD-OUEST.

Soissons est situé au confluent de l'Aisne et de la Crise. Cette place a été fortifiée par le système de Vauban. Son enceinte compte dix bastions irréguliers. Le front sud-ouest qui est le plus exposé est défendu par des ouvrages extérieurs. Sur la rive droite de l'Aisne se trouve le faubourg de Saint-Waast formant tête de pont, protégé par une enceinte comprenant trois bastions. Les fossés peuvent être inondés sauf ceux du sud-ouest. Une inondation, que l'on peut tendre en avant du front sud-est, rend la place inattaquable de ce côté. La place est commandée au sud-est et au sud-ouest par la montagne Sainte-Geneviève et le Mont-Marion.

Dès le commencement d'octobre divers détachements avaient été envoyés devant elle et en avaient préparé l'investissement en occupant plusieurs points au sud. La nécessité de s'emparer de la ligne ferrée de Châlons à Mitry par Reims ayant été reconnue par l'état-major allemand pour assurer ses communications, des troupes furent désignées pour faire le siège de Soissons situé sur la ligne. L'investissement se faisait à mesure de l'arrivée des troupes, et le 6 octobre il était complet. Le 8, le corps du siège comptait 8 bataillons, 4 escadrons, 2 batteries de campagne et 2 compagnies de pionniers. En même temps 36 pièces de siège venaient de Toul à Reims, d'où elles étaient transportées par réquisition à Courmelles, où l'on fixait l'emplacement du corps de siège.

Le 11 au soir, quatre compagnies d'artillerie de place construisaient huit batteries : deux sur la montagne Sainte-Geneviève, une au bord de la Crise et cinq sur le mont Marion. Ces batteries armées de 44 pièces ouvraient le feu à 6 heures du matin. La garnison était composée de trois bataillons : un de dépôt, deux de garde mobile. Elle riposta d'abord avec vigueur, mais au bout de quelques heures elle fut forcée de cesser le feu ; et ne le reprit que vers quatre heures du soir dans les bastions latéraux. Le lendemain 13, le feu recommence avec la même vivacité que la veille ; mais celui de la place se tait encore au bout de quelques heures. Le front d'attaque présentant une brèche, la place est sommée de capituler, mais en vain. Le feu reprend donc à 5 heures du soir et des deux côtés.

Pendant la nuit le défenseur renforce son artillerie ; et le feu reprend plus vif le 14 au matin. Le feu des bastions compris entre le bastion 8 et le faubourg Saint-Waast met dans une position fort critique les batteries établies sur le mont Sainte-Geneviève ; mais par contre les bastions 7 et 8 sont réduits au silence. La nuit suivante on répare le front d'attaque et l'on obstrue la brèche. Le 15 au matin, le brouillard dissipé, le feu recommence de part et d'autre. Vers le soir la brèche était dégagée de l'abatis qui la couronnait; au matin, l'escarpe était presque entièrement écroulée et recouverte d'une épaisse couche de terre. Néanmoins la place continuait jusqu'au soir un feu très vif. Mais à 8 heures du soir le commandant de la place entamait des négociations à la suite desquelles il capitulait d'après les mêmes conditions que

Toul et Strasbourg. Ainsi la place se rendait non seulement sans avoir subi d'assaut sur une brèche praticable, mais sans même que la tranchée eût été ouverte. Dans l'après-midi du 16, la garnison forte de 4,800 hommes posait les armes et se rendait prisonnière de guerre. Le vainqueur entrait en possession de 128 bouches à feu, 8,000 fusils et de nombreux approvisionnements en munitions et en subsistances.

Formation d'armées sur la Loire et dans le Nord.

Le temps écoulé depuis l'investissement de Paris avait été mis à profit par le gouvernement de Tours. Faisant appel à la France qui y répondait avec un dévouement absolu, il parvenait à réunir des masses considérables. Un rassemblement, prenant le nom de 15e corps et commandé par le général de la Motte-Rouge, se formait derrière la Loire, au sud d'Orléans. Il atteignait en quelques jours 60,000 hommes. Le général Fiéreck formait un corps autour de Rouen et d'Elbeuf; le général Delarue un autre entre Vernon et Évreux. A Besançon on réunissait un corps qui devait, sous les ordres du général Cambriels, défendre le passage des Vosges.

Les partis de cavalerie destinés à protéger les derrières des troupes employées au siège de la capitale se heurtaient à plusieurs reprises contre les troupes avancées de ces rassemblements. Quelques engagements avaient lieu aux Alluets, au nord-ouest de Mantes, qui était incendié par l'artillerie allemande, à Cherisy et à Dreux. De ce côté rien ne révélait encore des obstacles sérieux. Mais il n'en était pas de même du côté du sud et, dès le 6 octobre, la 4e division de cavalerie signalait des rassemblements importants.

La formation du 15e corps était protégée par la division de cavalerie Reyau, jetée dans les plaines de la Beauce au nord d'Orléans. Cette cavalerie avait été renforcée successivement de quelque infanterie empruntée au 15e corps. C'étaient deux compagnies de chasseurs, un bataillon de turcos, le 29e régiment de marche, le 12e de garde mobile et deux batteries. Dès le 25 septembre un engagement avait lieu à Bazoches-les-Gallerandes, le lendemain au sud d'Artenay. Les cavaliers prussiens sont accueillis à Chevilly par une vive fusillade partant des maisons du village, qui les force à rétrograder sur Artenay. De nouvelles reconnaissances montrent que toute la lisière de la forêt d'Orléans est occupée par l'infanterie. La cavalerie prussienne rétrograde alors sur Toury et Pithiviers.

Le 15e corps se porte en ligne (5 octobre).

Le 5 octobre le général de la Motte-Rouge portait son quartier général à Orléans et pressait l'arrivée de ses divisions. Son corps d'armée comprenait trois divisions d'infanterie ayant chacune 18 pièces, quatre brigades de cavalerie dont deux formaient la division Reyau, les deux autres non endivisionnées, et une réserve d'artillerie de 48 pièces. A cela il faut ajouter une division mixte composée d'une brigade d'infanterie et une de cavalerie. Cela faisait en tout 60 bataillons 1/2, 44 escadrons et 102 pièces.

Le même jour, 5 octobre, le général Reyau se portait sur Toury par Artenay et forçait la cavalerie prussienne à se retirer sur Etampes. A la nouvelle de cette marche rétrograde il était ordonné au Ier corps bavarois et à la 22e division de se porter dans la direction d'Orléans. Ces troupes se portent en avant précédées par la cavalerie. Le 9, vers 5 heures du matin, une compagnie bavaroise qui occupait Ablis est assaillie à l'improviste par une bande de francs-tireurs. Un escadron de hussards qui accompagnait les Bavarois est pris presque tout entier. Le général-major de Schmidt, instruit de cette surprise, marche sur Ablis. Les francs-tireurs en étaient déjà partis. Le général prussien, tirant prétexte de ce que des habitants du village ont prêté aide aux francs-tireurs, ordonne d'incendier les maisons, et n'est que trop bien obéi. En même temps il exige des habitants une forte contribution de guerre.

Le 8, les Bavarois se portaient sur Etampes; leur chef recevait des instructions lui enjoignant de dégager complètement le pays à l'ouest jusqu'à Chartres, et au sud jusqu'à Orléans. Le lendemain 9, la 1re brigade atteignait Barmainville, la 2e Saint-Péravy, la 3e Méréville, la 4e Baudreville. La 4e division de cavalerie est à Neuvy et signale des troupes considérables à Pithiviers. La 22e division était à Angerville.

Combat d'Artenay (10 octobre).

Le 10 octobre, le 15e corps avait pris position à Artenay sur la route d'Orléans à Paris. Les avant-postes occupaient Donbron et Assas. La tête de colonne prussienne est reçue à Donbron par le feu des premières lignes. La 1re brigade se déploie aussitôt à cheval sur la grand'route. Le feu du village d'Assas, placé à l'est de la route, vient assaillir le flanc des bataillons bavarois pendant leur déploiement. Une batterie dirige aussitôt son feu sur le village et est bientôt renforcée par les deux batteries de la 2e brigade qui arrive à son tour sur le lieu du combat. Bientôt les réserves de la 1re brigade et deux bataillons de chasseurs prennent la même direction. Les Français rétrogradent alors vers Artenay.

Le général von der Thann déploie alors cinq batteries contre Artenay. Quatre batteries de la 4e brigade viennent prolonger cette ligne de feu qui s'étend à la gauche (pour les Français) depuis la route de Paris jusqu'aux abords de Poupry. La 3e brigade s'établissait en réserve, tandis que la 4e arrivait sur la droite prussienne par la route de Chartres.

Pendant ce temps la 4e division de cavalerie, qui avait été dirigée vers l'ouest dans la direction de Loigny sur la route de Chartres, se rabattait sur la gauche au bruit de la canonnade et, prenant position à Evreux sur notre flanc gauche, menace de tourner notre aile.

A notre aile droite nous voyons la 2e division de cavalerie rappelée de Pithiviers par le bruit du combat prendre position à Bucy-le-Roi et nous canonner de ce côté.

A cet aspect l'ordre est donné d'évacuer Artenay. Les Bavarois y pénètrent sur nos talons. Quelques engagements ont lieu au sud du village, à la Maison-Brûlée, et dans les fermes de Grange et d'Arblay. La retraite se précipite ensuite de plus en plus ; et nous sommes forcés d'abandonner deux pièces à l'ennemi. Une ligne de onze batteries venait s'établir en avant de Creuzy et brisait toute résistance. L'ennemi nous faisait un millier de prisonniers. Les Bavarois avaient perdu un peu plus de 200 hommes.

Combats devant Orléans (11 octobre).

Le jour suivant, 11 octobre, les Allemands pensant n'avoir plus de résistance sérieuse à vaincre se déployaient sur un grand front. A leur droite s'avançait la 22e division passant par les Barres sur la route de Châteaudun à Orléans. La 4e brigade prenait par Gidy un chemin intermédiaire entre la route de Châteaudun et de Paris; la 3e brigade précédant la 1re division suivait la route de Paris. Ces trois routes convergent vers Orléans de façon que le front de l'ennemi se rétrécissait en avançant. Il n'occupait pas moins de 8 kilomètres avec 28,000 hommes. Le flanc droit était gardé par la 4e division de cavalerie, le flanc gauche par la 2e. Si le 15e corps qui comptait près de 60,000 hommes eût été composé de troupes exercées et bien conduites, les Allemands eussent pu payer cher leur dispersion. Mais nos fantassins connaissaient à peine le maniement des armes : nos cavaliers ne savaient pas se tenir à cheval. Les cadres eux-mêmes étaient inexpérimentés, et pour la plupart bien au-dessous de leur tâche. Seule l'artillerie présentait quelque consistance, parce que les charretiers sont faciles à trouver pour conduire les pièces et que les ouvriers fournissent rapidement de bons pointeurs.

Engagements sur la route de Châteaudun.

Le combat s'engageait d'abord sur la route de Châteaudun, aux environs d'Ormes, où avaient été construits des ouvrages défensifs. La 44e brigade, malgré le secours de sept batteries dirigées sur le village, ne parvenait pas à l'enlever et était forcée de se couvrir en attendant le succès d'une attaque de flanc. Elle entretient le feu tandis que sur sa gauche la 43e brigade pousse sur les Chabasses et Borde. Au bout de quelque temps l'ennemi n'a plus sur ce point qu'un seul bataillon en réserve. Ce n'est que vers 1 heure du soir que les Français cèdent sur ce point et se replient lentement sur Orléans. A 2 heures, ils abandonnent complètement le village en laissant près de 800 prisonniers. Néanmoins la nature du terrain plein de hameaux, de jardins et de vignes, très favorable à la défense, entrave la marche de l'ennemi, qui finit par s'arrêter momentanément à Grand-Orme pour attendre l'arrivée des Bavarois sur sa gauche.

Engagements sur la route de Gidy.

Sur la route de Gidy que suivait la 4e brigade, la résistance était moins vive. Cette brigade avait cherché à se mettre en relation avec la 22e division dont elle entendait le canon. Un détachement envoyé dans ce but sur Sury était arrêté par les feux partis de Saron. Après une lutte assez vive, signalée par plusieurs retours offensifs des Français, ceux-ci battaient en retraite à l'aspect de troupes fraîches qui venaient prendre part au combat. La retraite se faisait dans d'assez mauvaises conditions, car on laissait 200 hommes entre les mains de l'ennemi. Saron était aussi enlevé par une attaque de front combinée avec un feu d'artillerie sur les flancs.

Engagements sur la route de Paris.

Sur la route de Paris, la 3e brigade vient se heurter contre les premières maisons de Bel-Air. A partir de ce point les constructions forment une longue rue entourée d'enclos, de jardins, de vignes allant jusqu'à Orléans. Le terrain oppose de grands obstacles à l'emploi de l'artillerie. Néanmoins quatre pièces de 6 prennent position sur la grande route. Ce n'est qu'au prix des plus grands efforts que l'on enlève les premières maisons. La 3e brigade entre alors tout entière en ligne; mais elle ne parvient à nous faire rétrograder que d'un kilomètre, et vers 5 heures du soir nous tenions encore dans les bâtiments et les vignes des Aides.

Jonction des colonnes ennemies. — Prise d'Orléans.

Mais à mesure que l'on avançait par ces routes convergentes, le front des Bavarois diminuait et leurs diverses colonnes pouvaient s'offrir un appui réciproque. La 4e brigade, venant de Gidy en passant par Saron, arrivait au secours de la 3e, sur la droite de laquelle elle longeait les maisons de Bel-Air, et attaquait la face occidentale des Aides. Ce n'était néanmoins qu'à 5 heures du soir que l'infanterie bavaroise s'emparait de la position. Elle occupait immédiatement la Grange-des-Groues et Saint-Jean-de-la-Ruelle, et entamait la fusillade avec les tirailleurs placés le long du chemin de fer.

A la gauche de la route de Paris, un détachement des

flanqueurs de la 3e brigade repoussait près de Cercottes les zouaves pontificaux, puis continuant son chemin s'emparait de la gare retranchée des Aubrays, et marchait contre les gazomètres. Une lutte acharnée s'engage sur ce point, à la suite de laquelle les Bavarois, faute de munitions, se replient sur la gare des Aubrays. Les Français attaquent de nouveau la gare que les Bavarois ne défendent qu'avec la plus grande peine. Mais en ce moment la bataille se décidait à notre gauche. Le général von der Thann amenait en ligne la 1re brigade entre la 22e division et la 4e brigade. Celle-ci se reformait au Grand-Orme après une attaque infructueuse contre le chemin de fer. Les premiers efforts des nouvelles troupes sont tout aussi infructueux d'abord, jusqu'à ce que le 32e ayant trouvé un chemin qui tourne la position, force les défenseurs à se retirer sur la ville. En un instant le faubourg Saint-Jean est envahi. L'ennemi arrêté un instant à la grille de l'octroi, force le passage et débouche par deux rues parallèles sur la place du Martroi. La nuit étant arrivée, le général ordonnait de suspendre la poursuite. Toutes les troupes couchèrent sur le terrain qu'elles occupaient.

Les Français avaient perdu plus de 1,800 prisonniers. Les Allemands perdaient 900 hommes appartenant presque tous à la 3e brigade. La résistance avait été acharnée, car on trouve dans le 3e régiment 87 morts pour 141 blessés, ce qui est une proportion énorme. Pour la brigade entière le rapport des morts aux blessés est de moitié.

Réflexions.

On peut remarquer que dans cette affaire, bien que nos troupes fussent sans expérience et mal encadrées, néanmoins aucun village n'a pu être enlevé par une simple attaque de front. Il a fallu pour tous une attaque de flanc. C'est ainsi que l'attaque de la 2e brigade a été arrêtée devant les Aides, tant qu'il n'y a pas eu d'attaque de flanc.

On remarquera de même que les Allemands, quoique victorieux déjà, ont été longtemps arrêtés par les tirailleurs postés derrière la ligne du chemin de fer, et n'ont pu en triompher qu'en tournant la position.

Enfin nous ferons observer que le trop grand éparpillement des Allemands au début de l'affaire a grandement ralenti leurs progrès. Les colonnes ne se sont portées que des secours tardifs, et ne sont entrées en ligne que lorsqu'elles y ont été naturellement amenées par la convergence des lignes. Il est évident qu'un ennemi actif et entreprenant aurait pu obtenir des avantages. Il y a, dit Jomini, des généraux qui se troublent en voyant l'ennemi se diviser en plusieurs colonnes pour attaquer sur tous les points à la fois. Ils devraient au contraire sauter de joie; car c'est ce que l'ennemi peut faire de plus avantageux pour eux.

Combats des francs-tireurs à Châteaudun et à Nogent et sur toutes les lignes d'opérations.

Le lendemain la 1re division bavaroise et la 2e division de cavalerie franchissaient la Loire. L'infanterie poussait les avant-postes jusque sur le Loiret. La cavalerie battait la Sologne. Le 15e corps se retirait dans la direction de Bourges sur Salbris. Un acte du gouvernement retirait son commandement au général de la Motte-Rouge, un de nos vétérans de Crimée, d'Afrique et d'Italie, et le remplaçait par le général d'Aurelles de Paladines.

La 22e division fut chargée d'assurer le pays jusqu'à Chartres. Pour exécuter cet ordre, elle se portait le 18 sur Châteaudun, qui avait été fortifié et où se trouvaient 1,800 francs-tireurs sous les ordres de Lipowski. Ceux-ci opposent pendant toute la journée la résistance la plus énergique. Les obus allemands réduisent la ville en cendres. La lutte continue de maisons en maisons. L'ennemi est forcé de les enlever une par une, et ne se met en possession que de décombres. La retraite des francs-tireurs est protégée par la nuit. Les habitants ayant pris part à la défense, l'ennemi leur impose une forte contribution, et aurait incendié la ville, comme il avait fait d'Ablis, si ce n'eût été déjà fait. Les Allemands n'avaient pas perdu 100 hommes.

Le 21, Chartres ouvrait ses portes sans grande résistance.

Pendant ce temps, les francs-tireurs se montraient si entreprenants sur les derrières de l'armée devant Paris, et parvenaient si bien à surprendre et même à enlever de petites troupes, que toute la division wurtembergeoise venait au secours des troupes d'étape. Le 25 octobre il y avait une affaire à Nogent, où les francs-tireurs laissaient plus de 600 hommes entre les mains de l'ennemi.

Du côté du nord-ouest les rencontres avec des partis armés étaient journalières. Néanmoins des détachements de troupes allemandes parvenaient à occuper

Beauvais et le cours de l'Epte. Jusqu'à la fin d'octobre on n'avait pas trouvé de résistance sérieuse. Mais le 27, à Formerie, un détachement de trois compagnies et cinq escadrons était obligé de se replier devant des troupes organisées avec infanterie, cavalerie et artillerie. C'était un signe que la résistance commençait à s'accuser et que l'ennemi aurait sous peu de nouveaux obstacles à vaincre.

CHAPITRE VII.

LES DERNIERS JOURS DE METZ.

A la suite de la bataille de Noisseville, les troupes du blocus de Metz renforcées d'un côté par les corps venus d'Allemagne, affaiblies de l'autre par des détachements divers, modifiaient leur position sur le périmètre, tout en continuant les travaux qui devaient fermer la sortie aux assiégés. Le 6 septembre, le prince Frédéric-Charles profitait d'un échange de prisonniers pour faire savoir au maréchal Bazaine les changements politiques survenus à la suite de la bataille de Sedan. Comptant que cette nouvelle aurait affaibli le courage des défenseurs, il procédait, trois jours après, à un bombardement exécuté par 19 batteries de campagne. Le 9, à 7 heures du soir, malgré une pluie torrentielle, le feu était ouvert sur les côtés sud, ouest et nord. Mais le temps était si mauvais qu'au bout d'une heure il fallait renoncer à continuer.

Lignes de bataille autour de Metz.

Les retranchements continuaient à s'élever. La 3e division de réserve établissait sa ligne de défense de Malroy à Rupigny ; le Ier corps de Failly à Montoy par Servigny. Le VIIe corps avait une première ligne en arrière de Mercy-le-Haut et Peltre et une seconde au sud de Pouilly. Entre la Seille et la Moselle la ligne allait de Marly par Augny et Orly jusqu'à Jouy. Sur la rive gauche de la Moselle elle était tracée par Vaux, Jussy, Rosérieulles et Châtel-Saint-Germain pour le IXe corps; et par Montigny-la-Grange et Amanvillers pour le IIIe. Au nord un grand nombre de tranchées-abris coupèrent la vallée de la Moselle dominée par les hauteurs. Cinquante pièces de gros calibre venues d'Allemagne furent placées sur les points culminants du terrain, notamment à Jussy et à Semécourt où furent élevées deux batteries pour dix pièces. Un système complet de télégraphie et de signaux lumineux reliait les diverses parties du périmètre, tandis que des observatoires permettaient de voir tous les mouvements de l'armée française.

État des assiégeants et des assiégés au commencement de septembre.

La subsistance des troupes devenait difficile. La peste bovine s'était déclarée en Allemagne et en Alsace. Il fallait donc tirer tous les approvisionnements de Belgique. Les chevaux ne recevaient plus ni foin ni paille. Mais on faisait venir du fourrage comprimé et l'on augmentait la ration d'avoine. Les pluies incessantes avaient transformé le sol piétiné par tant d'hommes et de chevaux en une boue épaisse. On s'occupa de construire des abris qui n'étaient que des huttes en torchis. Cet état de choses fit bientôt sentir ses effets sur la santé générale, la dysenterie augmentait sans cesse et vers le milieu d'octobre les ambulances comptaient près de 40,000 malades.

Du côté des assiégés les souffrances n'étaient pas moindres. Les vivres diminuaient rapidement, et dès le 6 septembre on commençait à livrer des chevaux à la boucherie. Une fois le mouvement commencé, il s'accélérait rapidement et les effectifs de la cavalerie diminuaient chaque jour avec une vitesse effrayante. La ration de pain diminuait et chaque jour la quantité de son y devenait plus forte. Dans la ville, chaque famille était taxée à un certain nombre de rations. Le sel, le sucre, le charbon commençaient à faire défaut. Les fontaines n'étaient plus alimentées que par l'eau de la Moselle que puisait une puissante machine à vapeur. La ville cessait d'être éclairée la nuit. L'état sanitaire était déjà très mauvais. L'installation des troupes sous la tente-abri, mais sur un terrain imbibé d'eau, contribuait à la propagation des dysenteries et des bronchites.

Mais les maux physiques n'étaient pas les plus grands que l'on eût à souffrir. L'inquiétude morale, la défiance générale s'étendaient chaque jour contre le maréchal Bazaine.

La certitude presque absolue que l'armée finirait par se rendre sans combat après avoir consommé ses vivres et ceux de la place troublait tous les esprits. Cette opinion s'était formée dès les premiers jours du siège ; elle était d'abord rejetée bien loin par quelques-uns, mais, à partir de cette époque, le maréchal par ses actes la fortifiait chaque jour. Il donnait l'ordre de rapprocher les avant-postes de la place, le travail des forts était poussé avec activité, et tout annonçait que le maréchal ne songeait plus à sortir de ses lignes, mais à attendre patiemment sous les murs de la place le développement de la nouvelle situation politique. Un silence relatif se faisait sur toute l'étendue du périmètre. Ce n'est que vers la fin du mois et pour tenir un peu les troupes en haleine que le général en chef donnait l'ordre d'enlever toutes les ressources à notre portée entre les deux lignes d'avant-postes. A la suite de cet ordre, le 22 septembre, le 3e corps attaquait l'ennemi sur la ligne Nouilly, Lauvallière, Colombey, le lendemain sur Vassy et Chieulles. La première de ces sorties parvenait à ramener plusieurs voitures chargées, mais celle du lendemain rentrait à vide. Cinq jours après, le 27, les brigades Duplessis et Lapasset attaquaient Peltre et Mercy-le-Haut avec tant d'impétuosité que ces points étaient enlevés du premier élan, et une compagnie prussienne contrainte de se rendre. Les vivres et les fourrages sont rapidement enlevés et à 11 heures les deux brigades rentrent dans leurs lignes. Le même jour la division Montaudon débouche au delà de Borny et de Bellecroix. Les avant-postes prussiens sont refoulés au delà de Colombey, que l'artillerie ennemie parvient à incendier. Cette sortie ne produit pas d'autre résultat. Sur la rive gauche de la Moselle les divisions Tixier et Levassor-Sorval s'avancent par Saint-Eloy, Thury et le bois de Woippy sur les Maxes et Franclonchamp. La ferme de Sainte-Agathe, Bellevue et Franclonchamp sont emportés, et de nombreuses voitures enlèvent les approvisionnements. Dès 3 heures tout le monde reprenait ses anciens postes.

Pour ôter tout prétexte à de nouvelles sorties, le prince Frédéric-Charles ordonnait d'enlever ou de détruire tout ce qui se trouvait à portée des avant-postes allemands. Le soir même et la nuit suivante, de vastes incendies dévorèrent autour de Metz Peltre, la Basse-Bévoye, les Maxes, une partie de Magny, Colombey. La Grange-aux-Bois et Mercy-le-Haut avaient été brûlés pendant le combat.

Mission donnée au général Bourbaki.

C'est à cette époque qu'un certain Régnier se présenta aux deux quartiers généraux comme fondé de pouvoirs de l'Impératrice. A la suite de plusieurs entrevues, le maréchal Bazaine envoyait auprès de l'Impératrice le général Bourbaki. Celui-ci quittait Metz et se rendait en Angleterre, où il apprenait de l'Impératrice même qu'elle n'avait donné aucun pouvoir à ce Régnier. D'autre part, le maréchal Bazaine faisait savoir qu'il ne se rendrait que si la place restait libre et s'il était permis à l'armée du Rhin de se retirer sans obstacle. Les négociations étaient alors rompues. Mais elles avaient éveillé la défiance des assiégés qui y voyaient une violation des devoirs imposés au chef de toute troupe assiégée.

Indécision du maréchal Bazaine.

Au bout de quelques jours la pression de l'opinion devenait irrésistible, et le maréchal donnait des ordres pour exécuter une sortie dans la direction du nord sur les deux rives de la Moselle. Ce n'était pas la meilleure que l'on pût suivre ; car ce terrain plat et sans abri est dominé par des hauteurs sur les deux rives. Néanmoins dans la journée du 6 octobre, tout le monde était prêt à marcher. Avec les débris de plusieurs batteries on avait organisé des batteries à peu près complètes. Toutes les pièces étaient attelées, mais fort peu de caissons. Les régiments de cavalerie fournissaient deux escadrons. Mais au dernier moment arrivait un contre-ordre. Tout était renvoyé ; puis un nouvel ordre prescrivait de se tenir prêt à marcher ; mais était, hélas ! suivi d'un nouveau contre-ordre qui devenait définitif. Les soldats rentraient dans leurs camps. Dès ce jour la conviction fut faite dans le cœur du petit nombre de ceux qui s'y étaient montrés rebelles jusque là.

Sortie du 7 octobre.

Le lendemain, 7 octobre, le 6e corps et la division de voltigeurs de la garde recevaient l'ordre d'enlever les approvisionnements restant encore dans les fermes au nord de Ladonchamps. Environ 400 voitures étaient réunies pour cet objet. Le mouvement devait être couvert sur la gauche par une division du 4e corps, et sur la droite de l'autre côté de la Moselle par une attaque du 3e corps sur Malroy. L'opération commandée pour 11 heures du matin ne s'exécutait que vers 1 heure à cause d'un retard trop fréquent dans l'expédition des ordres. La 1re brigade des voltigeurs de la garde attaque sur les trois faces la ferme des Grandes-Tapes, s'en rend maîtresse après un combat assez court et fait prisonniers une partie des défenseurs. La 2e brigade enlève de même Saint-Remy, puis les Petites-Tapes. Les Prussiens combattent jusqu'à l'épuisement complet de leurs munitions et la plus grande partie d'entre eux reste prisonnière entre nos mains. Plus à gauche, la ferme de Bellevue, sous les attaques concentriques parties de Ladonchamps, de Sainte-Agathe et du bois de Woippy restait en notre pouvoir. Les Prussiens déploient alors toute leur artillerie pour arrêter le progrès de nos troupes. Toutes les batteries de la 3e division de réserve, une partie de celles du Xe corps et une batterie du IIIe canonnent les fermes enlevées. Les grosses pièces de la batterie de Semécourt tirent sur Ladonchamps. Sous ce feu il devient impossible d'enlever les fourrages, but de l'opération.

Sur ces entrefaites les Prussiens se renforçaient. Les démonstrations faites par le 3e et le 4e corps n'étaient pas poussées à fond. L'ennemi y reconnaissait de fausses attaques et réunissait toutes ses forces dans la vallée. Le IXe corps envoie la 38e brigade sur la rive gauche, et la IIIe envoie une division sur la droite des Prussiens. Malgré ces renforts, le combat devient stationnaire jusqu'au moment où le maréchal Bazaine ordonne la retraite. L'ennemi reprend les positions que nous lui abandonnons. Le soir il tente de reprendre Ladonchamps. La nuit tombait déjà et l'artillerie ne pouvant prendre part au combat, tout le travail revenait à l'infanterie. Celle-ci lance d'abord cinq compagnies contre la face nord ; elles sont reçues par une fusillade violente et contraintes de se replier avec de fortes pertes sur Saint-Remy. Vers 8 heures du soir quatre compagnies attaquent sans plus de succès le côté ouest. Il en est de même sur la face est attaquée par deux compagnies.

La nuit était venue depuis longtemps quand le combat cessait. Les Prussiens avaient perdu 1,700 hommes dont 500 prisonniers. Les Français en avaient perdu 1,250. Tandis que chez l'ennemi la proportion des tués aux blessés était de 28 p. 100, elle était de 9 p. 100 pour les Français ; ce qui tend à prouver que ceux-ci avaient bien dirigé leurs attaques, et que les Allemands avaient opposé une vigoureuse résistance. On remarquera que toutes les fermes enlevées ont été attaquées simultanément sur leurs trois faces. Ladonchamps ne l'a pas été parce que les trois attaques n'ont pas été simultanées.

Rapide désagrégation de l'armée du Rhin.

Après ce combat, l'armée du Rhin ne faisait plus aucun effort sérieux. Son chef la laissait se désagréger rapidement sous l'influence des privations, de l'inquiétude et du découragement. A plusieurs reprises des ordres étaient donnés pour le départ et toujours suivis d'un contre-ordre. Les esprits passaient d'une surexcitation extrême à un abattement qui ne l'était pas moins. Le général Coffinières, pour rassurer les habitants alarmés, promettait solennellement de ne jamais capituler; parlait même de faire fusiller quiconque parlerait de capitulation, disant qu'il aimerait mieux se faire tuer que de signer une pareille humiliation; mais ses serments ne trouvaient que des incrédules.

Tous les jours les vivres diminuaient. Les soldats cueillaient des herbes sur les bords des fossés, des chardons, des orties, de l'oseille sauvage, du colza. Le meilleur était pour la soupe : le reste pour les chevaux. Le 10 octobre on cessait totalement les distributions de fourrage. A partir de ce moment la nécessité de fournir des chevaux à la boucherie et la faim réduisent les effectifs avec une rapidité effrayante. Le pain n'est plus que du son, et l'on n'en donne plus qu'une quantité insignifiante ; la viande, provenant de chevaux presque morts de faim, est dure, sans suc et ne contient que des os. La pluie est incessante; les camps sont de vastes mers de boue semées de cadavres d'animaux. Toute bête qui tombe est dépecée à l'instant par les soldats affamés.

Après le combat du 7, les Prussiens tirent plusieurs jours de suite sur le château de Ladonchamps. Mais leur feu est si mal dirigé, qu'en quatre jours un seul obus tombe sur le château. Ce feu lent et mesuré est le seul qui trouble la plaine. Après quelques jours, il cesse à son tour, et le silence le plus absolu règne autour de la place, laissant la faim et la pluie faire leur œuvre. La forteresse et l'armée s'acheminent à grands pas vers le dénouement fatal, prévu depuis si longtemps sans que le maréchal songe à rien faire pour le salut de ses soldats, de son honneur ou de la France.

Capitulation de Metz.

Déjà les négociations étaient entamées. Le 9 octobre, le général Boyer était parti pour Versailles chargé de demander pour l'armée du Rhin la faculté de se retirer librement avec les honneurs de la guerre. Le roi répondit à ces ouvertures en demandant au nom de qui il traitait. Sur la réponse du général que l'armée du Rhin ne reconnaissait d'autre pouvoir que la régence établie par l'empereur, le comte de Bismarck demanda qu'on s'assurât de l'adhésion de l'impératrice. Le général Boyer rentrait alors à Metz et en repartait de nouveau pour se rendre en Angleterre auprès de l'impératrice. Celle-ci faisait connaître qu'elle adhérait à un armistice de quinze jours avec faculté de ravitaillement, mais qu'elle ne consentirait jamais à un démembrement de territoire. Le roi répondait alors qu'il était impossible de savoir si la France et l'armée reconnaîtraient la validité du traité et qu'il ne pouvait par suite continuer les négociations. Cette réponse portait en soi la condamnation du maréchal.

Le 24, un conseil de guerre déclarait qu'il y avait lieu d'ouvrir des négociations avec l'ennemi. On demandait le libre départ de l'armée pour l'Algérie et la séparation de l'armée et de la place. Ces propositions furent rejetées, et, dans la soirée du 27, la capitulation était signée au château de Frescaty. L'armée était prisonnière de guerre, et la place se rendait avec tout son matériel. Les drapeaux devaient être livrés à l'ennemi.

L'indignation fut extrême dans l'armée et dans la population. Des corps d'officiers protestèrent par écrit, déclarant qu'ils étaient tous prêts à combattre ; la population tout entière partageait ce sentiment. Il était réservé au maréchal de voir le contraire de ce qui se passe habituellement. C'était l'armée qui capitulait et les habitants qui demandaient à se défendre. Il voulut cacher la remise des drapeaux à l'ennemi, et ordonna de les verser à la direction d'artillerie qui serait chargée de les brûler. Mais, lorsque les corps se présentèrent pour les verser, le directeur déclara qu'il n'avait reçu aucun ordre pour les détruire et refusa d'accepter le versement. Quelques corps les reprirent. Le 4e corps les brûla. Le général Clinchamp écrivit au-dessous de l'ordre qui prescrivait de les livrer : nos drapeaux n'existent plus. Les hampes ont été coupées, la soie déchirée, et distribuées aux officiers, les aigles sciés. Les drapeaux de ma brigade n'iront pas à Berlin.

Le 28, les armes étaient déposées dans les forts, et le 29 l'armée défilait devant les troupes prussiennes. Une route différente avait été assignée à chaque corps.

Des camps de prisonniers étaient formés autour de la ville et les Prussiens prenaient possession de la forteresse. De nombreux convois de vivres pénétraient en même temps dans la ville.

L'armée du Rhin comprenait 175,000 hommes, y compris 6,000 officiers et 20,000 malades. Du 12 août au 28 octobre elle avait perdu 38,138 hommes, dont 3,361 morts, 23,413 blessés et 11,634 disparus. L'armée allemande en avait perdu 46,686, dont 12,621 morts, et 32,086 blessés. Le total pour les deux armées est de 84,824. C'est en deux mois et demi toute la population d'une très grande ville. Encore ce chiffre ne comprend pas les décès par maladie, qui ont été nombreux. Les Allemands avaient plus de 40,000 hommes dans les hôpitaux. La ville était pleine de malades.

Nous ne nous appesantirons pas sur l'oubli de tous les devoirs militaires que l'on peut reprocher au maréchal Bazaine. La condamnation qui l'a frappé n'a été que le juste châtiment de ses fautes.

CHAPITRE VIII

OPÉRATIONS DANS LE SUD-EST. — COMBAT DE DIJON. — PRISE DE SCHLESTADT ET DE NEUBRISACH.

Le siège de Strasbourg était à peine terminé que les troupes qui composaient l'armée de siège étaient avisées de leur destination future après la reddition de la place. La division de landwehr de la garde était appelée devant Paris; la 1re division de landwehr était mise à la disposition du gouverneur général de l'Alsace. Les autres troupes constituaient le XIVe corps aux ordres du général de Werder.

Mission du XIVe corps et de la 4e division de réserve.

Ce corps recevait pour mission de se porter sur Châtillon et Troyes, de disperser les rassemblements de troupes françaises, de désarmer les populations, de remettre en état la voie ferrée de Blainville à Chaumont par Epinal et Faverney, et par suite de tenter un coup de main sur Langres qui intercepte la ligne, ou même d'en essayer le bombardement avec le matériel tiré de Strasbourg. En même temps on rassemblait en Allemagne une force de 15 bataillons, 2 régiments de cavalerie, 6 batteries et une compagnie de pionniers pour constituer une 4e division de réserve chargée de s'emparer des places de la haute Alsace.

Le XIVe corps se composait de quatre brigades d'infanterie, trois badoises et une prussienne, et de deux brigades de cavalerie, une badoise, l'autre prussienne ; de neuf batteries badoises et de trois prussiennes.

Dès le 2 octobre, les troupes se mettaient en mouvement dans la direction indiquée. Elles avaient d'abord à traverser les Vosges moyennes vers Raon-l'Etape et Saint-Dié pour passer de la vallée du Rhin à celle de la Moselle, marcher sur Epinal, franchir ensuite les monts Faucilles pour descendre dans la vallée de la Saône et traverser ensuite le plateau de Langres pour arriver à Châtillon dans le bassin de la Seine. Sur cette route, les points de rassemblement des troupes françaises se trouvaient sur le flanc gauche des troupes ennemies : 1° Belfort, dans une dépression, séparant les Hautes-Vosges du Jura ; 2° Besançon, sur le Doubs, affluent de la Saône ; 3° Auxonne ; 4° Dijon, dans la Côte-d'Or. Une voie ferrée relie ces quatre villes. Une deuxième voie, allant de Gray à Belfort, part au nord de la première par Gray, Vesoul et Lure.

Dès le 4 et le 5, la tête de colonne se trouvait aux prises avec les francs-tireurs qui garnissaient la montagne ; des escarmouches avaient lieu à la Trouche, Champenoy, Raon-l'Etape, la Chipotte. Le 6, la résistance devenait plus vive aux alentours de Saint-Dié ; on rencontrait les troupes de la division Cambriels, en voie de formation. C'étaient des gardes mobiles de Belfort, une partie de la garnison de Besançon et des troupes venues de l'armée de Lyon. Environ 15,000 hommes et 12 bouches à feu se trouvaient, le 6 octobre, au nord de Saint-Dié, à Nompatelize et la Voivre. Un épais brouillard enveloppait la campagne, et ce n'est que vers neuf heures du matin que le combat devenait possible.

Combats de Nompatelize, Rambervillers, Bruyères.

L'ennemi se divisait en deux colonnes qui remontaient les deux rives de la Meurthe. Le pays, couvert de bois, était favorable à la défense; nos troupes avaient l'avantage du nombre. Chacune des colonnes qui attaquaient n'était composée que de deux bataillons; celle de la rive droite avait une section d'artillerie, l'autre 10 bouches à feu. On eût pu profiter de la division de l'ennemi, du couvert des bois et du brouillard pour opérer sur une seule rive et y accabler l'assaillant. Mais on combattit sur les deux rives. Sur la rive gauche, l'avantage fut un moment de notre côté, la situation des Allemands devenait grave, car ils n'avaient sur ce point que neuf compagnies déployées sur un front de 7 kilomètres. Devant un ennemi plus habile ou plus exercé, ils eussent été battus. Le combat ne tournait à leur avantage que vers deux heures de l'après-midi, lorsqu'il leur arrivait des renforts de Raon-l'Étape et qu'une partie des troupes passait de la rive droite sur la rive gauche. Nous perdions dans cette journée environ 1,400 hommes, dont 300 morts, 400 blessés et 600 prisonniers. Ces chiffres prouvent qu'une partie des troupes avait combattu mollement, mais que l'autre avait résisté avec acharnement, puisqu'il y avait 3 morts pour 4 blessés.

Le 9 octobre, un détachement prussien dirigé sur Rambervillers était forcé de rétrograder. Dans l'après-midi du même jour, l'ennemi revient avec un bataillon. Les premières maisons de la ville sont enlevées par une attaque sur trois faces; mais le combat continue dans les rues, si tenace que les Prussiens font très peu de progrès. La nuit met un terme au combat, et permet aux Français d'évacuer Rambervillers avant que l'ennemi renforcé puisse les poursuivre.

Le 11, un autre engagement avait lieu à Bruyères contre les troupes du général Cambriels, postées dans une position retranchée entre Beauménil et Laval. Elles étaient repoussées ; cependant l'ennemi ne parvenait pas à garder Laval dont il s'était d'abord emparé, mais d'où il était chassé pendant la nuit.

Retraite de la division Cambriels. — Combats sur l'Ognon.

Le lendemain, les Allemands prennent possession d'Epinal après quelques escarmouches. Le général Cambriels avait reçu la nouvelle que des troupes ennemies se montraient à Belfort sur ses derrières. C'étaient les troupes de la 4e division de réserve dont nous avons signalé plus haut la formation. Craignant pour les communications, il se repliait vers le sud. L'ennemi prenait la même direction et entrait dans Vesoul le 18. Le même jour, un télégramme permettait au général de Werder de pousser au besoin jusque sous les murs de Besançon, et lui prescrivait de se diriger ensuite sur Bourges par Dijon. Le général apprenant que le général Cambriels, renforcé par des troupes venues de Besançon, avait pris position sur l'Ognon, affluent de la Saône qui coule parallèlement au Doubs à peu de distance de Besançon, portait son corps dans cette direction. Le 22, le XIVe corps arrivait en trois colonnes sur l'Ognon par Pin, Etuz et Voray. Le combat s'engageait à Etuz et Voray. Le général allemand ordonnait d'abord d'entretenir le combat sur Etuz, pendant que la colonne qui était au

Pin se porterait sur les derrières des Français. Ce mouvement tournant se produisant trop tard, il ordonnait aux troupes qui étaient à Etuz de franchir l'Ognon dans l'espoir de couper la retraite aux corps français qui combattaient à Voray. Il était également déçu dans cette entreprise. Néanmoins, nos troupes étaient repoussées presque sous les murs de Besançon.

Les jours suivants, on apprenait l'existence de troupes françaises à Dôle et à Auxonne. Des lettres saisies parlaient d'une seconde armée des Vosges commandée par Garibaldi. D'autre part, le ministre Gambetta était venu à Besançon. Il voulait porter le général Cambriels dans les Vosges; mais celui-ci s'y refusait absolument, se déclarant prêt à tenir sur le Doubs.

Marche sur Dijon.

Le général de Werder, voyant qu'une attaque sur Besançon entraînerait des pertes considérables, reprenait sa marche sur Dijon. L'avant-garde trouvait partout des francs-tireurs et des paysans armés qui semblaient se multiplier autour d'elle. Le 27, le corps d'armée était concentré à Gray, dans la prévision d'une bataille qui ne se produisait pas. Le 29, on devait marcher sur Dijon. Mais la chute de Metz amenait une nouvelle répartition des forces allemandes, et un nouveau rôle était assigné au XIVe corps. La 1re et la 4e division de réserve passaient sous le commandement du général de Werder. Avec ces forces réunies, il devait couvrir l'Alsace, protéger le flanc gauche de la IIe armée, et assiéger Schlestadt, Neubrisach et Belfort. Il devait courir sus au-devant de tous les corps inférieurs en force, et était même autorisé à dépasser Besançon. Il devait occuper fortement Vesoul et Dijon. Le général ayant reçu des rapports qui disaient que Dijon était évacué, ordonnait au général de Beyer de se porter sur cette ville avec deux brigades badoises.

Combat de Dijon.

Dijon avait été évacué le 27 par l'armée de la Côte-d'Or et ses gardes nationaux désarmés. Ces mesures avaient été prises sous l'impression de petites affaires qui s'étaient passées à Tolmay et à Saint-Seine-l'Eglise, près de Gray, et dans lesquelles des postes détachés avaient été repoussés. Mais, sur la réclamation de la population, la ville était occupée de nouveau par trois bataillons de ligne, quelques bataillons de garde mobile et les gardes nationaux réarmés. Cela formait un rassemblement de 8,000 hommes sous les ordres du colonel Fauconnet. A l'est de Dijon, le terrain présente de larges plis ondulés. A l'ouest, la montagne projette jusque dans la ville ses escarpements rocheux. L'ennemi arrivait par l'est venant de Mirebeau. La route qu'il suivait traverse Arc-sur-Tille, Varois, Saint-Apollinaire, et entre dans la ville par le faubourg Saint-Nicolas placé au nord-est. L'ennemi est signalé à son arrivée à Arc-sur-Tille, et les postes avancés se replient à son approche sur Saint-Apollinaire. Les grenadiers du corps entrent dans le village après une légère escarmouche ; une batterie s'installe à gauche de la route. Les Français ouvrent alors un feu très violent; mais, vers midi et demi, ils sont forcés de céder le terrain. Trois batteries se déploient à droite et à gauche de la route. L'avant-garde poursuit nos tirailleurs jusque sur le faubourg Saint-Nicolas, tandis qu'un bataillon appuyant à gauche se dirige sur le faubourg Saint-Pierre. Trois nouvelles batteries viennent renforcer la ligne d'artillerie. Le défenseur oppose une résistance opiniâtre dans les vignes et ne cède le terrain qu'avec une extrême lenteur. Néanmoins, il est repoussé dans les faubourgs. On lutte de maisons en maisons. Ce n'est que vers le soir que l'ennemi parvient à atteindre le ruisseau de Suzon qui contourne la ville de ce côté. Le général de Beyer, ne voulant pas engager un combat de nuit que tout faisait supposer devoir être opiniâtre, ordonnait de rompre le combat vers quatre heures du soir. Les bataillons badois évacuent alors le terrain conquis. Deux compagnies lancées sur la route de Langres avaient été coupées par une troupe qui leur barrait le chemin. Elles sont forcées de se faire jour de vive force. Le soir venu, la 1re brigade se cantonne à Saint-Apollinaire et à Varois ; la 3e au sud de la 1re à Quétigny et Couternon. Les Allemands avaient perdu 250 hommes environ et les Français à peu près 300 dont 100 prisonniers.

Dans la nuit une députation se présentait devant le général, demandant que la ville fût épargnée et s'engageant à fournir des vivres pour 20,000 hommes. Le lendemain 31, les Badois prenaient possession de la ville.

Formation du 20e corps.

En ce moment le XIVe corps se trouvait en face de nombreux rassemblements de troupes, qui, bien qu'éloignés encore d'entrer en action, faisaient sentir leur influence. De tous côtés les patrouilles badoises signalaient la présence de groupes armés; souvent elles recevaient des coups de feu. Il était évident que de nouvelles troupes étaient sur pied. Les correspondances enlevées et les journaux pris faisaient bientôt savoir qu'autour de Besançon étaient déjà réunis 45,000 hommes et 7 batteries sous le commandement du général Crouzat qui avait remplacé les généraux Cambriels et Michel, que les troupes de Garibaldi cantonnées autour de Dôle montaient à 12,000 hommes et qu'un corps de 18,000 hommes se formait à Nevers. Enfin la garnison de Langres ne comptait pas moins de 12,000 hommes et menaçait les communications. Le gros du XIVe corps était à Vesoul et à Dijon, le reste réparti entre Mirebeau, Gray, Saint-Loup et Lure. Il occupait en face d'un adversaire très supérieur en nombre une étendue de terrain hors de proportion avec son effectif. Cependant le général de Werder n'apportait pas de grands changements à ses dispositions. Il voulait d'abord marcher sur Dôle; mais, apprenant que les forces de Garibaldi l'avaient évacué, il se proposait de bombarder la ville d'Auxonne avec des pièces de campagne, et dirigeait sur cette ville la 2e brigade badoise. Mais, à la vue des préparatifs de défense de la place, il renonçait à une opération dont l'inutilité était évidente.

Pendant ce temps le corps du général Crouzat, laissant une forte garnison à Besançon, était dirigé vers l'ouest sur Chagny où il arrivait le 12 novembre. Une lettre du préfet de la Côte-d'Or avait été saisie; elle annonçait un mouvement de l'armée de Chagny sur Dijon. Les Allemands ajoutaient foi à cette dépêche et le général Werder concentrait la majeure partie de ses forces à Dijon, où il installait son quartier général. Ses avant-postes s'étendaient en arc de cercle autour de la ville, observant toutes les routes. Tous ces mouvements s'accomplissaient, marqués par des escarmouches journalières avec de petits corps de troupe. Il nous faut revenir maintenant aux opérations de la 1re et de la 4e division de réserve.

Siège et prise de Schlestadt.

La 4e division avait passé le Rhin à Neuenburg le 2 octobre au matin au moyen de bacs et de nacelles. Le lendemain elle entrait dans Mulhouse, à la sollicitation des autorités locales qui craignaient les désordres auxquels pouvait se porter la population ouvrière. En même temps on établissait un pont de bateaux sur le Rhin. La division était ensuite formée en deux détachements. Une brigade était chargée d'investir Schlestadt, et l'autre Neubrisach. La cavalerie et l'artillerie étaient réparties entre les deux brigades. Neubrisach était investi le 7 et immédiatement canonné par les pièces de campagne. La place riposte ; mais le feu est à peu près sans résultat de part et d'autre.

L'autre brigade investit Schlestadt le 10 octobre. Cette place, protégée par une inondation, pourvue de remparts en très bon état, était susceptible d'une bonne défense. Elle était armée de 120 bouches à feu servies par 700 artilleurs. Environ 1,200 gardes mobiles formaient la garnison. Malheureusement l'indiscipline y était extrême.

Le chemin de fer de Strasbourg amenait le matériel de siège comprenant 56 bouches à feu accompagné de 12 compagnies d'artillerie et 4 de génie. Les parcs étaient établis à Kinzheim et Saint-Pilt. L'attaque devait se faire sur le front ouest. Dans la nuit du 19 au 20 octobre on construisait une batterie de siège contre le front sud et le feu était ouvert contre la place qui y répondait. Quelques incendies éclataient dans la ville. Dans la nuit du 20 au 21 on disposait les dépôts de tranchée, et le 22 au soir on ouvrait la parallèle en profitant du chemin de fer qui, courant du nord au sud, formait un excellent couvert. La place tirait toute la nuit, mais inutilement, parce que ses projectiles allaient éclater au loin derrière les travailleurs. Le 23 de très grand matin la parallèle était ouverte et 28 pièces étaient en batterie. Le feu dure tout le jour ; vers le soir celui de la place faiblit et finit par cesser complètement pendant une bourrasque qui se déclare à la nuit. Le lendemain 24, les remparts lancent encore quelques obus; puis à 7 heures 1/2 la place hisse le drapeau blanc. La capitulation est signée sur l'heure. La garnison est prisonnière et livre son matériel à l'ennemi. La populace et les soldats se livrent aux plus affreux désordres. Ils pillent et incendient les édifices publics, et vont jusqu'à faire sauter un magasin à poudre. L'ennemi ne devait entrer qu'à 3 heures; mais le commandant de place, désespérant de rétablir l'ordre, demande au général prussien de faire entrer immédiatement ses troupes. Trois bataillons prenaient donc possession de la place et rétablissaient bientôt le bon ordre. La garnison était ramenée sous l'escorte de six compagnies et d'un escadron. Les compagnies du génie travaillaient toute la nuit à combattre les incendies qui réduisaient en cendres les casernes, les magasins et même des maisons particulières. Schlestadt devançait ainsi Paris et donnait le premier et lugubre exemple des désordres qui devaient signaler la fin de la guerre. Elle avait en plus la honte d'être obligée d'en appeler à la protection de l'ennemi qui s'y établissait presque en libérateur.

On remarquera que les travaux du chemin de fer avaient été établis sans avoir égard aux nécessités de la défense et avaient considérablement facilité l'attaque. Les remparts étaient à peu près intacts. Les Allemands avaient perdu 20 hommes. On leur livrait 7,000 fusils et des approvisionnements considérables en farines et munitions.

Siège et prise de Neufbrisach.

Les troupes se dirigeaient ensuite sur Neufbrisach où l'on amenait le parc de siège. L'attaque était dirigée contre le front nord qui est le seul qui ne soit pas couvert par des inondations. Neufbrisach présente la forme d'un octogone bastionné précédé de demi-lunes. Tous les fronts étaient munis de traverses et d'abris casematés. Au nord-est de la place sur le Rhin même est détaché le fort Mortier qui flanque d'une façon très efficace les abords nord-est et sud de la place.

Dans la nuit du 1er au 2 novembre on établit devant le front nord trois tranchées-abris et 3 batteries. Le terrain pierreux exige l'emploi du pic et rend le travail lent et pénible. Néanmoins la place ne paraît pas s'en apercevoir et n'y met aucun obstacle. En même temps trois batteries sont établies sur la rive droite par un détachement badois venu de Rastadt. Le 2 au matin, les 6 batteries ouvrent le feu. Celles de la rive gauche provoquent quelques incendies ; mais le tir des autres gêné par le brouillard reste sans effet. Dans la nuit un vaste incendie se déclare dans la ville. Un superbe clair de lune interrompt les travaux de tranchée. Les travaux continuent les jours suivants, et le 6 novembre au soir le fort Mortier capitule.

La place continue à riposter les jours suivants, mais son feu diminue chaque jour; et le 10 novembre, à 1 heure de l'après-midi, le drapeau blanc est arboré. La garnison se rend avec les honneurs de la guerre. Les ouvrages de la place étaient intacts ; mais la majeure partie des maisons étaient incendiées. Au fort Mortier les casemates restaient seules debout, et une seule pièce était en état de faire feu. Avec la place tombaient entre les mains du vainqueur 108 bouches à feu, 6,000 fusils et de grands approvisionnements. Les Allemands avaient perdu 70 hommes.

Marche sur Belfort.

Après la chute de Neufbrisach, les troupes de la 4e division se dirigeaient sur Belfort. La 1re division de réserve, alors en marche de Strasbourg sur le nord de l'Alsace, devait concourir au siège de cette place ; elle devait être remplacée à Strasbourg par un corps de 12 bataillons, 2 escadrons et 2 batteries, formé à Glogau.

Dans sa marehe sur Belfort la 1re division avait à combattre le 31 octobre à Guebwiller et à Soultz ; à Sennheim et Gewenheim le 1er novembre. Le 2, elle avait affaire à deux bataillons de la garnison qui occupaient Magny et Roppe. La lutte est longue et acharnée depuis Chèvremont jusque sur les hauteurs de Petit-Magny. Nos mobiles inexpérimentés tiennent tête résolument aux vieilles troupes allemandes, s'arrêtant sans cesse dans leur retraite pour tâcher de prendre pied. Néanmoins ils sont contraints de se retirer en désordre sur la place, et les Prussiens gagnent, sans autre obstacle, les points qui leur sont assignés entre Valdoye et Giromagny. Le lendemain 3, une partie de la 4e division venue par Ensisheim et Anjoutey, s'établissait aux abords sud et est de la place s'étendant de Bauvillard à Roppe par Sévenans et Chèvremont. On se hâtait de fortifier la ligne d'investissement. Les magasins et les hôpitaux se formaient à La Chapelle-sous-Rougemont, et le quartier général s'établissait aux Errues. Le blocus n'était complet que le 8 novembre. Le corps de siège avait pour point d'appui la ville et le château de Montbéliard. Celui-ci était occupé par une garnison permanente.

Le 10 novembre, le colonel Denfert, qui commandait la place, dirigeait un bataillon sur Chalonvillars où il avait remarqué des mouvements de troupes. Ce bataillon était repoussé après un léger combat. Le 15, quatre bataillons appuyés par de l'artillerie de campagne se dirigent sur Renoncourt et repoussent les Allemands loin de leurs lignes d'investissement. Mais de nouvelles troupes arrivant à leur secours, la ligne française est contrainte de reculer ; mais soutenue à son tour par ses réserves, elle s'arrête et le combat continue avec des chances diverses ; nos tirailleurs s'élancent à plusieurs reprises, mais ils sont refoulés par le feu de l'artillerie. Cependant celui-ci cesse à son tour sous le feu de la mousqueterie. Mais au bout de quelque temps, de nouvelles pièces établies sur notre flanc prennent notre ligne d'enfilade et la contraignent à reculer. A droite et à gauche de la colonne qui marchait sur Renoncourt on avait dessiné deux fausses attaques ; mais elles ne s'engageaient pas suffisamment. C'est un défaut général dont nous avons déjà signalé plusieurs exemples, que les fausses démonstrations s'engagent rarement assez pour tromper l'ennemi et faire dégarnir le front attaqué.

Le gros de la 4e division arrivait devant la place le 15 novembre à Giromagny.

CHAPITRE IX.

OPÉRATIONS DANS LE NORD ET LE CENTRE DE LA FRANCE. —CAPITULATION DE VERDUN.—BATAILLE DE COULMIERS.

Missions données à la Ire et à la IIe armée.

Un ordre du 23 octobre, prévoyant la chute prochaine de Metz, assignait aux troupes du blocus leur destination future. Aussitôt la capitulation conclue, la 2e armée devait se diriger le plus tôt possible sur la Loire moyenne. La 1re armée, à la tête de laquelle le général de Manteuffel remplaçait Steinmetz, devait laisser dans Metz une garnison et assiéger Thionville et Montmédy. Le reste devait se porter sur Compiègne et Saint-Quentin. L'escorte des prisonniers était confiée à la 3e division de réserve. Le commandant de la 1re armée désignait la 3e division de réserve et le VIIe corps pour la garnison de Metz et les sièges de Thionville et Montmédy. Des ordres successifs, venus de Versailles, détachaient successivement quatre bataillons au siège de Verdun, la 3e division de cavalerie et un régiment dans l'Argonne pour en chasser les francs-tireurs, la 1re division au siège de Mézières, la 4e brigade aux sièges de Soissons et de La Fère. Le restant de la 1re armée se concentrait sur la rive gauche de la Moselle en avant de Metz et entamait, le 7 novembre, son mouvement sur le nord.

Siège de Verdun. — Organisation de la défense.

Verdun est située sur la Meuse, qui la traverse du sud au nord, divisée en trois bras. Sur la rive gauche se trouve la citadelle, indépendante de la place ; sur la rive droite, l'ouvrage à cornes Saint-Victor. Les remparts de la place, au nord et au sud, vont de l'un à l'autre de ces ouvrages et constituent avec eux l'enceinte de la ville. La petite rivière de la Scance, venant du sud-ouest pour se jeter dans la Meuse, passe par le village de Regret. La côte Saint-Barthélemy s'étend en croupe allongée, sépare les deux cours d'eau avant leur confluent, et domine la citadelle à moins de 3,000 mètres de distance. Sur l'autre rive de la Scance, le plateau de Blamont, prolongé par le contrefort des Hayvaux, s'élève au-dessus de la citadelle ; à bonne portée, sur la pente, se trouvent les hameaux de Glorieux et de Jardin-Fontaine. Sur la basse Meuse la vallée s'élargit et fait place au village de Thierville. Sur la rive droite, en partant du sud, on trouve les hauteurs de Belrupt et de Haudainville qui commandent Saint-Victor. Enfin, tout à fait au nord, la côte Saint-Michel détourne la Meuse qui la laisse à sa droite. Elevée d'environ 300 mètres au-dessus de la vallée, elle domine le village de Belleville qui est à ses pieds et tout le côté nord de la ville.

Des retards considérables avaient été apportés à la mise en état de défense. On ne voulait pas alarmer les populations, ni nuire aux intérêts privés. Vainement les chefs de service réclamèrent l'autorisation d'agir ; elle ne leur fut accordée que le 12 août. D'autre part, le conseil de défense recula devant la nécessité de détruire les constructions qui se trouvaient sur les glacis et ne prit que des mesures insuffisantes.

La garnison comprenait un millier d'hommes composant les dépôts du 57e et du 80e, deux bataillons de gardes mobiles de la Meuse et deux batteries d'artillerie aussi de la garde mobile. Enfin, le dépôt du 5e chasseurs à cheval comptait 250 recrues et 180 chevaux. Toutes ces troupes étaient de la plus complète ignorance. Le commandant de l'artillerie, le chef d'escadrons Commeaux, avait demandé quelques artilleurs de l'armée active et des artificiers. On lui avait répondu en l'autorisant à enrôler d'anciens soldats de l'arme ; il en avait trouvé sept. Un sous-chef artificier lui était envoyé de Metz et retiré ensuite au moment où il organisait un atelier civil. Les habitants fournirent une garde nationale de 1,500 hommes qui furent répartis en cinq compagnies d'infanterie, une d'artillerie, une de pompiers.

La place était armée de quinze pièces rayées de 24, 25 de 12, 6 de 4 et de vingt mortiers. Il y avait en outre soixante et onze bouches à feu à âme lisse. Les munitions, les affûts, les fusils étaient en nombre considérable.

Après la bataille de Sedan, la garnison se renforçait de dix officiers et 2,600 sous-officiers ou soldats échappés au désastre. Parmi eux se trouvaient 130 hommes du génie, 500 artilleurs qui formaient un contingent précieux.

Investissement de la place le 7 septembre et ouverture du feu le 25.

Depuis la tentative faite le 24 août par les Saxons,

la cavalerie avait été chargée de surveiller la place. Ce n'était que le 7 septembre que le général de Bothmer commençait l'investissement, qui ne devenait effectif que le 23 du même mois, où étaient enfin réunies des forces suffisantes. Pendant ce temps, quelques escarmouches sans importance avaient lieu à Thierville, à Bellevue et sur divers points du périmètre. Le général de Bothmer, pour profiter du commandement des hauteurs et impressionner la population, veut d'abord essayer d'un bombardement exécuté avec des pièces de campagne. Dans la nuit du 25 au 26 des batteries sont construites, et le matin, à la pointe du jour, six pièces sont installées à l'ouest sur la pente de Blamont ; quatre pièces au nord sur la côte Saint-Michel et deux au sud-est vers Belrupt. Il était facile de prévoir le résultat d'une opération tentée avec des moyens aussi insignifiants. Au bout de trois heures, les Prussiens avaient plusieurs pièces démontées et leur artillerie était réduite au silence.

Sortie et émeute du 2 octobre.

Le 2 octobre, quelques tirailleurs français, postés dans les vignes au-dessus de Belleville, déterminent une fusillade assez vive de la part de l'ennemi. La population s'émeut; le bruit se répand que des tirailleurs ont enlevé une batterie ennemie et qu'ils appellent du secours pour résister aux retours offensifs des Prussiens. Le commandant de la place, général Guérin de Waldersbach, ajoute foi à ces bruits et fait prendre les armes à une partie de la garnison. Mais à cause de retards, de malentendus, d'erreurs de direction dans la transmission des ordres, les troupes ne sont prêtes qu'assez tard. Les pentes du Saint-Michel sont néanmoins rapidement gravies, les Prussiens battent en retraite et nos troupes couronnent la crête. Un peloton de chasseurs à cheval exécute deux charges brillantes et lutte corps à corps avec l'ennemi. Déjà les troupes menacent le bois Lecourtier placé sur la pente orientale. Mais le général craignant de se risquer si loin, rappelle les troupes et l'ennemi reprend ses positions.

Les habitants accueillent avec acclamations les défenseurs à la rentrée. Mais, désappointés de ne pas voir les canons promis, ils en attribuent la faute au général de Waldersbach, qu'ils disent être parent des généraux prussiens. Ils l'accusent d'empêcher de diriger le feu sur les Allemands et d'avoir fait naître à dessein les embarras qui se sont produits à la sortie des troupes. Il en résulte une émeute assez violente que le général fait dissiper par la gendarmerie, et dont les auteurs sont traduits devant un conseil de guerre.

Établissement des batteries de bombardement. — La place éteint le feu de l'ennemi.

Le général de Bothmer résolut de procéder à un bombardement plus efficace, et fit venir de Toul et de Sedan des pièces de siège françaises. Il fut sur ces entrefaites remplacé par le général de Gayl. Le 11 octobre, les pièces étant arrivées, les Allemands se portent en avant des lignes pour protéger la construction des batteries. A huit heures du soir, le 65e régiment attaque Belleville, Thierville et Regret. Belleville n'étant pas occupé est pris sans coup férir. La compagnie de gardes mobiles, qui est à Thierville, se laisse enlever presque sans défense. Une compagnie du 57e, qui est à Regret, gardée insuffisamment, se laisse surprendre et fuit presque tout entière jusque dans la place. Glorieux et Jardin-Fontaine sont occupés sans coup férir et l'ennemi vient jusque sur les glacis fusiller le rempart.

A la suite de cette surprise, les postes importants furent confiés aux troupes d'élite. Le génie occupa les poternes; et deux compagnies franches les galeries de contrescarpe de Saint-Victor.

La construction des batteries commençait le soir même. Le travail était rendu pénible par la nature ici argileuse et là rocheuse du sol. Le lendemain, néanmoins, quatre batteries étaient prêtes à l'ouest sur le contrefort des Hayvaux, et six au nord sur la côte Saint-Michel. Les batteries étaient enfoncées dans le sol. Le fond des embrasures était formé par un plan passant par le sommet des édifices principaux. Les pièces étaient ainsi cachées aux vues de l'assiégé et avaient néanmoins des points de repère qui leur permettaient de régler le tir. Dans la nuit du 12, le travail était complété; et le 13, à six heures du matin, 52 pièces tiraient sur la ville. La place riposte vigoureusement. Son tir acquiert rapidement de la précision et, bien que les pièces ennemies soient pour la plupart peu visibles, deux batteries de la côte des Hayvaux sont réduites au silence et les autres fort avariées. Le feu continue pendant la nuit. Le lendemain il reprend avec énergie des deux côtés; le commandant Commeaux a réparé ses batteries de la citadelle et donne l'exemple du mépris du danger. L'ennemi, de son côté, a établi une nouvelle batterie sur la côte de Blamont et remet en état celles des

Hayvaux. Le lendemain 15, la lutte est encore plus vive. Quinze pièces prussiennes sont démontées. L'ennemi voyant l'inutilité de ses efforts cesse le feu vers 11 heures du matin; la place en fait autant de son côté.

Ces trois journées de bombardement nous avaient coûté 83 soldats et 3 habitants. Quelques pièces avaient été démontées, mais aussitôt rétablies; deux seulement étaient hors de service. Plusieurs bâtiments militaires et publics étaient détruits et une vingtaine de maisons incendiées. Les Allemands accusent une perte de 111 hommes dont 63 pour l'artillerie en y comprenant les pertes des 11 et 12 octobre.

Il fallait recourir à un siège en règle. On demandait donc la constitution d'un parc de siège prussien et le renouvellement des munitions françaises. Provisoirement on évacuait les positions avancées trop rapprochées de la place. Les plus grosses pièces dont le transport présentait des difficultés étaient laissées en place sous la garde de quelques postes.

Sorties du 20 et du 28 octobre.

La garnison était encouragée par ses succès. Ses soldats, si timides les premiers jours, étaient devenus audacieux. Le gouverneur, mettant à profit ces bonnes dispositions, faisait exécuter une sortie dans la soirée du 20 octobre. Profitant d'un orage, un petit détachement grimpe pendant la nuit sur la côte Saint-Michel, surprend la garde, prend pied dans les batteries, encloue les canons, comble les tranchées et détruit les travaux; puis il regagne la place avant l'arrivée des renforts partis de Thierville.

Huit jours après, le 28, à 5 heures du matin, une grande sortie s'exécute sur trois points. Une colonne dirigée sur le mont Saint-Michel bouleverse de nouveau les travaux ; une fraction de la colonne prend à revers le village de Belleville qu'une autre, venue de la ville, menace en même temps. La compagnie qui y est postée résiste quelque temps ; mais près d'être coupée, elle se replie sous le feu, non sans laisser un grand nombre de prisonniers en notre pouvoir. Vainement elle tache, avec l'aide d'une compagnie venue de Bras, de reconquérir le village ; il reste définitivement entre nos mains.

En même temps, sur la rive gauche, nous tentions d'enlever Thierville ; mais là le terrain était moins favorable, et malgré des attaques réitérées, malgré une charge des chasseurs qui arrivaient jusque sur les barricades du village, nous ne parvenions pas à nous en rendre maîtres. Nos troupes regagnaient la place, traînant avec elles deux pièces de campagne dont les attelages avaient été tués.

Une autre colonne, partie de la citadelle, s'était glissée entre les hameaux de Glorieux et de Jardin-Fontaine, et était arrivée au haut du coteau des Hayvaux. La grand'garde est promptement culbutée et en quelques instants douze pièces sont mises hors de service, leurs affûts sont brisés au moyen de sacs de poudre munis d'amorces. Puis la colonne s'engage dans la direction de la côte de Blamont ; mais elle est arrêtée par la 11e compagnie du 65e et, satisfaite du résultat obtenu, elle rentre dans la place. Un autre détachement dirigé sur la côte Saint-Barthélemy avait moins de succès. Cette sortie nous avait coûté 1 officier et 96 hommes, presque tous atteints devant Thierville et à Saint-Barthélemy. L'enlèvement de Belleville n'avait coûté que 7 à 8 hommes; celui des Hayvaux que deux seulement.

Capitulation de Verdun.

Malheureusement la place apprenait la capitulation de Metz. Le gouverneur, menacé d'un siège en règle, croyant à tort que la guerre allait cesser après un échec si important, demandait au roi de Prusse un armistice de huit jours. Le général de Gayl refusait d'abord de laisser partir la demande; puis il consentait à l'envoyer et à accorder une suspension d'hostilités qui ne pouvait que lui être utile pour ses préparatifs, tandis que la place consommait ses vivres. La réponse de M. de Moltke arrivait le 7. Elle exigeait la capitulation immédiate. Seulement elle accordait la restitution du matériel à la conclusion de la paix et assurait à la France la possession de Verdun. La capitulation était signée le 8 et exécutée le 9. Ces derniers jours étaient marqués par une révolte de la garnison qui pillait les magasins publics et se livrait à des désordres de tout genre, auxquels mettait fin l'entrée de l'ennemi.

On remarquera que c'est à tort que la garnison n'a pas occupé la plus grande partie des environs de la ville. Peut-être que sa mauvaise composition n'a pas provoqué la confiance de ses chefs, et leur a fait craindre de l'exposer à des attaques qu'elle n'aurait pas soutenues et qui l'auraient découragée. Le commandant de place avait habilement et courageusement dirigé la défense. Mais il eut le tort grave de ne pas la pousser jusqu'aux limites que lui traçait son devoir. Les succès obtenus par la défense malgré la situation défavorable de la place dominée de tous côtés, malgré l'infériorité de son armement, montrent tout ce que l'on peut attendre d'une garnison résolue ; ils font voir que ni les armes ni les remparts ne font les places fortes, mais bien l'énergie de la garnison.

Mouvements de la Ire et de la IIe armée.

A la suite des ordres relatés plus haut, la Ire armée s'était mise en marche le 7 novembre. La 1re division recevait l'ordre d'aller remplacer devant Mézières la 2e division de landwehr affectée au service d'étapes et devait elle-même être remplacée par la 3e division de réserve que l'on adjoignait au VIIe corps. Le 14, Mézières était bloquée à l'ouest par la 1re brigade, à l'est par la 2e. Le général Manteuffel interdisait toute tentative de bombardement jusqu'à l'arrivée du parc de siège de Verdun. La 4e brigade investissait La Fère. Le VIIIe corps passait la Meuse au nord de Verdun, ralliait ses détachements et continuait sa marche par Reims. Pendant ce temps, le VIIe corps faisait investir Thionville et Montmédy, tout en conservant à Metz une forte garnison. Les troupes d'étapes comptaient 24 bataillons, 13 escadrons, 2 batteries ; celles de garnison, 60 bataillons, 19 escadrons, 7 batteries 1/2.

La 2e armée s'était mise en marche le 29 octobre, le jour même de la reddition de Metz. Ses instructions lui prescrivaient de disperser tous les rassemblements armés et de chercher à occuper Bourges, Nevers et Châlon-sur-Saône. On pensait que la présence d'un corps d'armée sur chacun de ces points suffirait pour assurer la tranquillité. Le 10 novembre, l'armée se trouvait sur la ligne Troyes-Chaumont, lorsqu'elle recevait l'ordre de hâter sa marche sur l'ouest.

Émeutes dans Paris.

Pendant ce temps une émeute avait éclaté dans Paris. Dès le 8 octobre, quatre mille gardes nationaux en armes avaient investi l'Hôtel-de-Ville, aux cris de vive la Commune, réclamant des fusils Chassepot et la destitution d'un grand nombre de fonctionnaires et des élections municipales. Ils avaient été dispersés par la troupe. A la fin du mois, la nouvelle de la chute de Metz, l'évacuation du Bourget, le retour de M. Thiers à Paris, apportant de son voyage dans toutes les cours de l'Europe la nouvelle que la France n'avait à compter sur aucun secours étranger, exaspèrent la population. Le 31 octobre, une foule tumultueuse envahit l'Hôtel-de-Ville avec la protection ou la connivence de plusieurs bataillons de garde nationale et de gardes mobiles. Une réunion de délégués de divers quartiers proclame la déchéance du gouvernement et l'établissement de la Commune. Plusieurs membres du gouvernement sont arrêtés. Le ministre des affaires étrangères, M. Picard, réussit à s'échapper, et fait battre la générale. Vers 8 heures du soir, les bataillons restés fidèles cernent l'émeute; deux compagnies de gardes mobiles pénètrent dans l'Hôtel-de-Ville par un passage souterrain et en ouvrent les portes. Les émeutiers s'enfuient en jetant leurs armes. Un grand nombre sont faits prisonniers. Mais quelques jours après, ils sont relâchés sans formalité ni punition.

Le gouvernement entamait alors de nouvelles négociations. Dans une entrevue à Versailles entre

M. Thiers et M. de Bismarck, il faisait demander un armistice de quatre semaines pour procéder à des élections générales. Mais l'ennemi ne voulait pas consentir à ce que Paris fût ravitaillé dans cet intervalle. Dès lors on rompait les négociations et l'on déclarait officiellement à Paris et à Tours qu'il ne restait d'autre parti que la guerre à outrance.

Formation de l'armée de la Loire.

M. Gambetta était sorti de Paris en ballon et transporté à Tours où il remplissait les fonctions de ministre de la guerre et de l'intérieur. Ayant ainsi sous la main presque toutes les forces de la France, il parvenait à lever, armer et équiper une masse de 600,000 hommes défendue par 1,400 bouches à feu. Au 15e corps, dont nous avons annoncé la formation, se joignaient le 16e corps autour d'Orléans; le 17e autour de Mer et Blois; le 18e autour de Nevers. L'amiral Jaurès commandait les troupes établies à Châteaudun, Brou et Nogent-le-Rotrou. Dans la Normandie, le commandement était réparti entre les généraux Bourbaki, Briant et Fiéreck. Les 15e et 16e corps, réunis et complets, formaient l'armée de la Loire sous les ordres du général d'Aurelles. Le 16e corps était formé de 3 divisions d'infanterie commandées par le contre-amiral Jauréguiberry, les généraux Barry et Maurandy, et d'une division de cavalerie à 3 brigades commandée d'abord par le général Ressayre, puis par le général Michel. Cette masse de 39 bataillons, 28 escadrons et 120 bouches à feu était sous les ordres du général Chanzy.

Le général d'Aurelles de Paladines avait, dès les

premiers jours de son commandement, établi le 15e corps dans le camp retranché de Salbris au sud d'Orléans. Dans cette position assez éloignée des points occupés par les Allemands, pour n'être pas exposé à des escarmouches journalières, et protégé d'ailleurs sur son front par des retranchements, il pouvait donner ses soins à l'instruction des troupes, qui était tout à fait nulle, et au raffermissement de la discipline fort ébranlée. La promulgation de la loi martiale le seconda puissamment dans ce dernier dessein. Cette loi organisait dans toute troupe, même dans un bataillon détaché seul, une cour devant laquelle étaient déférés immédiatement les délits contre le devoir militaire. Le prévenu était traduit devant la cour le soir même du jour où il était saisi. Le ministère public et le prévenu étaient entendus successivement. Il n'y avait pas de plaidoirie. Le jugement rendu était exécuté sans appel le lendemain à la pointe du jour en présence de la troupe à laquelle appartenait le prévenu. Quelques exemples sévères ne tardèrent pas à réprimer les moindres velléités d'insubordination.

Conseil de guerre à Salbris. — Place d'opérations.

Le 24 octobre, un conseil de guerre fut tenu à Salbris. M. Freycinet, délégué du ministre de la guerre, y assista. Il fut décidé que l'on attaquerait Orléans. Le 16e corps, réuni aux 2e et 3e divisions du 15e, se porterait de Blois sur les derrières des Bavarois, tandis que la 1re division du 15e corps, sous les ordres du général Martin des Pallières, en ferait autant en passant la Loire à Châteauneuf au-dessus d'Orléans. Ce plan formait ainsi, sur le flanc droit de l'ennemi, une masse de près de 70,000 hommes, et sur son flanc gauche, une autre de 15,000. Les Bavarois n'ayant guère plus de 20,000 hommes se seraient trouvés dans une position critique, quel que fût le côté vers lequel ils se porteraient, si nous avions eu des troupes exercées. Mais l'armée de la Loire ne pouvait avoir quelques chances de triompher que grâce à une énorme supériorité numérique. Si les deux corps assaillants, quoique partis de points si éloignés, pour marcher à la rencontre l'un de l'autre, étaient assez heureux pour arriver en même temps sur le champ de bataille, le succès était assuré. Mais l'expérience de la guerre prouve que, si bien combinées que soient les marches, il est presque sans exemple que cette heureuse coïncidence se réalise. Tout dépendait donc pour nous de savoir qui arriverait le premier. Si c'était le général Martin des Pallières, il y avait grande chance pour lui d'être battu, car ses troupes seraient tout au plus égales en nombre à celles de l'ennemi, et certainement inférieures sous tous les autres rapports; son échec serait ressenti à l'autre aile, et l'armée pour toujours découragée. De l'autre côté, le danger était beaucoup moins grand; néanmoins, puisqu'on avait besoin de la supériorité du nombre, on pouvait avoir à regretter l'absence de 15,000 hommes.

Marche sur Coulmiers.

Le 27 octobre, les 2e et 3e divisions se portèrent à Vierzon pour y prendre le chemin de fer qui devait les transporter à Vendôme et à Mer. Mais à la suite de malentendus, de défaut de préparation, d'oublis de toute nature, il fallut suspendre le mouvement. La cavalerie, n'ayant pas emporté de ponts volants, se trouva enfermée dans ses wagons d'où elle ne pouvait sortir; l'artillerie était séparée de ses munitions. Il fallut différer l'opération. Les jours suivants, le mauvais temps survint, et l'état des routes mit obstacle à tout mouvement. Enfin les ordres de marche furent donnés; il était convenu entre l'aile droite et l'aile gauche que l'on attaquerait ensemble le 11 novembre. Mais ces calculs furent déjoués.

A la suite des mouvements du 27 octobre, le 15e corps avait une division à cheval sur la Loire à Mer et Muides. L'autre division avait franchi le fleuve et campait à Villexauton et Morvilliers. Le 16e corps était groupé derrière la forêt de Marchenoir. Cette forêt est située sur la rive droite, en aval d'Orléans, sur la route qui conduit de cette ville à Vendôme. Les ordres pour la journée du 8 avaient pour but de réunir en avant de cette forêt les deux divisions du 15e corps et deux divisions du 16e, qui se trouvaient ainsi portées sur le flanc droit de l'ennemi menaçant ses communications. Les deux divisions du 15e corps devaient s'établir entre Messas et Cravant; le 16e corps entre le château du Coudray et Ouzouer-le-Marché. Ce mouvement s'opérait sans obstacle, et le 8 au soir l'armée était formée perpendiculairement à la Loire; l'aile droite à peu de distance du fleuve et l'aile gauche en avant de la forêt de Marchenoir. Mais on était en présence de l'ennemi. Il était impossible d'attendre le concours de la division des Pallières qui n'était attendu que le 11, et les ordres étaient donnés pour attaquer le lendemain 9 novembre.

Formation de l'armée du grand-duc de Mecklenbourg.

Les reconnaissances faites par l'ennemi depuis la fin d'octobre lui avaient révélé la présence de nos troupes. A peu près dans toutes les directions, sauf celle de Paris, elles s'étaient heurtées à des rassemblements nombreux de toutes armes. Néanmoins on était incertain sur le centre de tous ces rassemblements, et nos mouvements étaient couverts d'un voile que les efforts de l'ennemi réussissaient difficilement à percer. Ce qu'il y avait de certain, c'est que nous avions des troupes nombreuses, qui ne tarderaient pas à entrer en ligne. Pour leur faire face, l'état-major général formait le 7 novembre, sous le commandement du grand-duc de Mecklenbourg-Schwerin, une fraction d'armée, qui comprenait le 1er corps bavarois, les 17e et 22e divisions d'infanterie, et les 2e, 4e et 6e divisions de cavalerie.

Ce même jour les Bavarois exécutaient une grande reconnaissance sur la forêt de Marchenoir avec six compagnies d'infanterie et une vingtaine d'escadrons. Deux colonnes se dirigeaient sur la forêt par Baccon et par Ouzouer-le-Marché. Dès 10 heures du matin la tête de colonne était reçue à Chantôme par des coups de feu tirés par les habitants; vers Marolles on apercevait une arrière-garde de troupes d'infanterie en retraite sur la forêt; on voyait de la cavalerie sur la gauche. Le général Stolberg déployait alors à l'ouest de Marolles trois compagnies qu'il faisait appuyer par l'artillerie. Un feu très vif, partant de la lisière du bois et des fermes placées en avant, force les Bavarois à s'embusquer dans les groupes de maisons situées çà et là. Vers 2 heures l'arrivée de la brigade Bourdillon, que le général Chanzy avait envoyée en toute hâte, redouble le feu. Bientôt des attaques latérales se dessinent partant de Saint-Laurent et d'Autainville. Les Bavarois se décident alors à battre en retraite, laissant 150 hommes sur le terrain. Nous n'en avions perdu qu'une quarantaine.

Dans la journée du 8, les Allemands rassemblent une division de cavalerie et un bataillon à Baccon et à La Renaudière. Un autre bataillon occupe Coulmiers à 5 kilomètres environ de Baccon : une brigade de cuirassiers bavarois et un bataillon d'infanterie occupent Saint-Péravy à 15 kilomètres environ de Coulmiers. La 2e division bavaroise se porte à l'extrême gauche de la cavalerie. Le général de Thann avait ainsi toutes ses forces dispersées sur un front très étendu. Les renseignements qui lui parvenaient dans la journée lui montraient clairement qu'il allait avoir affaire à une attaque imminente venant tant de l'ouest que de l'est; car la marche de la division Martin des Pallières avait été observée. Un combat autour d'Orléans, au milieu de grands faubourgs et de champs couverts de vignes, devait amener un éparpillement nuisible à la direction; il prenait donc la résolution de se porter à l'ouest, en avant du bois de Montpipeau, pour recevoir la bataille dans les terrains découverts qui séparent les bois de Montpipeau et de Bucy de la forêt de Marchenoir. Les mouvements nécessaires s'exécutaient à la hâte dans la nuit, et le 9 au matin les troupes occupaient les emplacements suivants : la 2e division entre le château de Montpipeau et Rosières; derrière elle, à la ferme Descure, la 1re division venue d'Orléans; l'artillerie de corps, plus en arrière aux Barres. La brigade de cuirassiers gardait le flanc droit à Saint-Péravy. En avant du front une brigade de cavalerie occupait à droite Saint-Sigismond; une autre au centre était à Coulmiers, et une 3e à Baccon devant l'aile gauche. De nombreux avant-postes surveillaient la marche de l'adversaire. Un régiment d'infanterie et deux escadrons, laissés à Orléans, avaient ordre de se porter à la gauche de cette ligne dès qu'ils entendraient le canon. En outre on demandait par le télégraphe l'appui de la 22e division; mais son chef faisait connaître qu'il ne pourrait pas arriver à temps pour le 9 novembre.

Bataille de Coulmiers.

Le terrain sur lequel allait se livrer la bataille ne présente que de très faibles ondulations. Il est couvert de villages, de hameaux, de châteaux, de grandes fermes entourés de bouquets de bois. La grande route d'Orléans à Morée traversait le centre des deux positions passant par Coulmiers, Charsonville et Ouzouer-le-Marché. Sur une ligne à peu près perpendiculaire à la route, on voyait, en allant de notre gauche à notre droite, Champs, Cheminiers, Ormeteau, Coulmiers, le Grand-Luz et Baccon, derrière lequel se trouve la Renardière. Ce front de 12 kilomètres était occupé par les troupes allemandes, derrière lesquelles s'élevaient les arbres des bois du Buisson, de Bucy et de Montpipeau qui les séparaient d'Orléans.

Il était ordonné à la 2e brigade de la 2e division du 15e corps de marcher sur les Monts et le Bardon à l'extrême droite. A sa gauche, la 3e division soutenue par la 1re brigade de la 2e devait enlever Baccon et La Renardière. La division Barry du 16e corps devait enlever Coulmiers en passant par Champdry et Villorceau. La 2e brigade de la 1re division devait marcher sur Cheminiers en passant par Charsonville et Epieds. La brigade Bourdillon devait servir de réserve. Enfin la division de cavalerie Reyau devait exécuter un mouvement tournant et se rabattre sur le flanc droit de l'ennemi.

L'affaire s'engageait d'abord du côté de Baccon. Aux premiers coups de feu le général Von der Thann était prévenu. Comme il ne recevait pas de nouvelles du côté de Coulmiers, il supposait qu'il serait attaqué seulement sur son aile gauche et concevait par suite le projet de se rabattre avec son aile droite sur le flanc de l'armée française. Il envoyait donc sa 1re brigade à Baccon, et gardait la 2e en réserve. La 3e était envoyée à l'extrême gauche au château de Préfort, et la 4e à Coulmiers.

Attaque de Baccon.

Pendant ce temps, la division Peytavin déployait ses tirailleurs en face de Baccon, et le général d'Aurelles établissait lui-même ses batteries près de Champdry. La 1re brigade bavaroise fait occuper en arrière de Baccon la rivière et le parc de La Renardière, et l'artillerie s'établit des deux côtés de Baccon pour contrebattre l'artillerie française. La lutte est extrêmement vive, et finit par se décider en notre faveur. L'artillerie prussienne, accablée sous la supériorité de nos feux, se retire; les défenseurs de Baccon l'évacuent et se portent sur La Renardière. Mais le village de La Rivière était encore occupé par un bataillon de chasseurs. La division Peytavin exécute une première attaque qui est d'abord repoussée; mais, soutenue par un renfort d'artillerie, elle revient à la charge et entre enfin dans le village en flammes.

La brigade dirigée à notre extrême droite contre les Monts et le Bardon ne prononçait aucune attaque. Le général Von der Thann jugeant alors que l'attaque principale ne se dirigerait pas de ce côté, ordonnait à la 3e brigade de se replier sur La Renardière pour concourir à la lutte contre la division Peytavin.

Attaque de Coulmiers.

En face de Coulmiers, la division Barry s'était mise en marche. A peine a-t-elle dépassé Champdry, qu'elle se trouve en butte aux feux d'écharpe des batteries placées au nord du Bardon. Nos tirailleurs se replient alors derrière le village, tandis que deux batteries répondent au feu de Baccon. La division s'arrête pour laisser agir l'artillerie et attendre les progrès de l'aile gauche.

De ce côté, l'amiral Jauréguiberry, arrivé la veille pour prendre le commandement, étonnait les troupes par son audace et son intrépidité. Arrivé à Saintry, il détachait une batterie dans la direction du Grand-Luz pour appuyer la division Barry dans son mouvement sur Coulmiers.

Pendant ce temps les Allemands avaient fait occuper Coulmiers par trois bataillons, gardant le reste en réserve; et deux batteries ouvraient leur feu sur la division Barry. Puis, comme le mouvement de l'amiral Jauréguiberry sur Cheminier se dessinait, un bataillon était détaché à Vaurichard pour couvrir le flanc droit, et la 2e brigade, gardée jusqu'alors en réserve, était dirigée sur Champs avec la 4e division de cavalerie. Vers midi, l'artillerie de la division Barry se déploie à droite et à gauche de la grande route ; les Bavarois y répondent en appelant deux nouvelles batteries de la réserve.

Au nord de Coulmiers, la division de cavalerie Reyau était arrivée sur le flanc droit de l'ennemi, et se déployait entre Champs et Vallée. Puis son artillerie ouvrait un feu très violent contre Saint-Sigismond et contre la brigade de cuirassiers bavarois qui arrivait de Saint-Péravy pour prendre part à la lutte.

Les Allemands évacuent la Renardière.

Il était midi passé, et le combat restait quelque temps stationnaire devant La Renardière et Coulmiers. Une première attaque sur La Renardière était repoussée, mais avec de telles pertes, que les Allemands jugeaient impossible de résister à une deuxième et battaient en retraite sur le bois de Montpipeau dans une direction passant en arrière de Coulmiers. La division Peytavin, en possession des villages, mettait quelque temps à se reconstituer, puis marchait de nouveau en avant. Mais elle rencontrait un nouvel ennemi. C'était la 3e brigade qui, ramenée des Monts et du Bardon, débouchait sur le lieu du combat. Arrivée trop tard pour défendre La Renardière qu'elle trouvait déjà occupée, elle appuyait à droite vers le bois de Montpipeau et venait se joindre à la 1re brigade en retraite.

Devant Coulmiers, vers une heure de l'après-midi, la division Barry s'était rapprochée du village, et ses tirailleurs avaient fini par occuper les carrières des Crottes au nord du village. A la suite de ce succès, la division exécutait une attaque convergente qui était repoussée par trois batteries de 6 et une démonstration de la cavalerie. L'obstacle paraît devoir être difficilement enlevé par cette division quand, heureusement pour elle, un secours lui arrive de l'aile droite. C'est la brigade Dariès qui, devenue inutile devant La Renardière, se dirige sur Coulmiers. Cette brigade s'établit en première ligne; et deux batteries viennent s'établir au Grand-Luz. Les batteries bavaroises sont alors forcées de rétrograder. L'une d'elles protège sa retraite par le feu de ses servants armés de chassepots.

Attaque de Cheminiers.
— Fausse manœuvre de la division Reyau.

Nous avons dit que la 2e brigade avait été appelée au nord pour s'opposer à la marche de l'amiral Jauréguiberry. Arrivée vers midi et demi, elle trouvait Cheminiers et Champs occupés par la brigade Deplanque. Elle se déployait alors à l'est de Cheminiers appuyée par le feu de quatre batteries, qui réduisaient au silence l'artillerie française. La 4e brigade de cavalerie se formait en arrière et à droite de cette ligne. Elle y était depuis quelque temps, quand un orage la menace sur sa droite. C'est la division du général Reyau qui, après une canonnade de deux heures avec les cuirassiers bavarois, s'est d'abord repliée sur Cheminiers, mais qui ramenée par le général Chanzy débouche sur le flanc droit. La cavalerie prussienne se porte au trot devant ce nouvel ennemi; mais elle est forcée de rétrograder sous le feu. A la surprise générale, la cavalerie française ne cherche pas à précipiter ce mouvement; ses manœuvres restent quelque temps indécises, puis elle repart et disparaît vivement dans la direction de l'ouest. Pendant ce temps l'artillerie prussienne canonnait Champs et parvenait vers 2 heures à en chasser les troupes qui l'occupaient. A cette vue, le général de Orff ordonne une attaque contre Cheminiers; il porte ses batteries à 500 mètres du village; puis lance ses bataillons en avant. Ce mouvement bien exécuté détermine la retraite de la ligne de tirailleurs de Champs à Cheminiers. Mais les troupes qui sont à l'intérieur du village y sont maintenues par l'amiral Jauréguiberry.

L'amiral parvient à arrêter la retraite; son artillerie rentre en action et réduit bientôt au silence les batteries bavaroises. La brigade Bourdillon, appelée de la réserve, vient joindre ses efforts à ceux des troupes déjà engagées.

Le général de Orff avait appris la tournure défavorable que prenait le combat autour de Coulmiers. Il cessait alors toute offensive et se décidait à défendre à outrance ses positions pour assurer la retraite du corps d'armée sur le nord. Il opposait des feux rapides à toutes les tentatives partielles, et restait inébranlable sous les feux de l'artillerie.

Retraite des Allemands. — Evacuation d'Orléans

Devant Coulmiers, le général de Thann n'avait plus que trois bataillons en réserve. Les deux ailes avaient été contraintes de reculer. La résistance y devenait difficile. Continuer le combat pourrait conduire à la nuit. Mais le lendemain il fallait s'attendre à voir entrer en ligne les troupes qui venaient de Gien.

La 22e division était encore à 30 kilomètres et ne pouvait apporter aucun secours. Le général se décidait donc à ordonner la retraite. A 4 heures du soir il prescrivait de rompre le combat en commençant par la gauche. On devait se diriger sur Artenay, pour marcher à la rencontre de la 22e division. La retraite s'opérait par échelons successifs, et sans trop de pertes. La 4e brigade se dirigeait par Gémigny sur Saint-Péravy sous la protection de deux brigades de cavalerie. La 1re division exécutait une marche des plus pénibles sur de très mauvais chemins et arrivait à minuit à Artenay. L'arrière-garde, formée de la 3e brigade bavaroise et de la 5e division de cavalerie, s'arrêtait à quelque distance de Gémigny et de Saint-Sigismond. La garnison d'Orléans avait évacué la ville aux premiers coups de canon, s'était portée à l'aile gauche où elle n'avait trouvé personne; elle recevait alors l'ordre de se diriger sur Saint-Péravy, ce qu'elle faisait pendant la nuit.

Après quelques heures de repos, les Allemands repartaient la même nuit par des chemins que la neige et les pluies avaient défoncés. L'arrière-garde évacuait Artenay dans la journée du 10 et le corps d'armée se concentrait à Toury. Nos jeunes troupes heureuses de leur victoire, mais fatiguées, ne troublaient point cette retraite, qu'elles auraient peut-être pu rendre plus pénible encore.

Observations sur la bataille de Coulmiers.

Dans cette journée, 20,000 hommes et 110 bouches à feu avaient lutté contre 70,000 hommes et 150 canons. Les pertes s'élevaient à 800 hommes pour les

Allemands, et environ 1,500 pour nous. Nous avions fait en outre plus de 2,000 prisonniers sans compter les blessés.

Le champ de bataille depuis Baccon jusqu'à Cheminiers présente un front de 12 kilomètres. L'attaque avec 70,000 hommes, à raison de 6 hommes par mètre environ, eût été dangereuse si l'ennemi n'avait pas été notablement inférieur. Celui-ci, du reste, avait tort de chercher à défendre une étendue aussi considérable pour son effectif. Une densité de 1,60 par mètre courant sera toujours insuffisante, même lorsqu'on a à combattre des troupes très inférieures. De plus le général de Thann s'était privé sans motif suffisant du régiment du Corps laissé à Orléans, et qui ne combattit pas. En revanche il sut retirer à propos une brigade de son aile gauche pour la faire coopérer à la défense de La Renardière. Du côté des Français, on fut heureux, comme nous l'avons déjà dit, que les Bavarois se soient portés vers l'ouest, et non sur la division Martin des Pallières, qu'ils auraient peut-être accablée et dont l'échec se serait fait sentir certainement sur le restant de l'armée de la Loire. Pendant la bataille, toute une brigade était restée sans emploi à l'aile droite. La cavalerie du général Reyau ne se jeta pas assez franchement sur le flanc de l'ennemi, perdit son temps à canonner Saint-Sigismond et se retira au moment où elle eût pu rendre des services. Le général ayant vu sur la gauche les francs-tireurs de Lipowski, avec lesquels il lui était recommandé de se tenir en communication, les prit pour des troupes allemandes, crut son flanc et ses derrières menacés par des troupes venues de Chartres et ordonna la retraite.

L'artillerie française s'était bien conduite. Elle avait réduit au silence les canons allemands. Les pièces de

12 surtout avait obtenu des effets très supérieurs à ceux des pièces de 4. Mais il est malheureux que les Français n'aient pas commencé la bataille à leur aile gauche. Ils n'auraient au début rencontré aucun ennemi et auraient atteint et compromis dès les premiers coups les communications de l'adversaire. Enfin, la bataille gagnée, ils eussent du poursuivre l'adversaire à outrance. Si l'on craignait l'arrivée de la IIe armée, il était sage de pousser à fond les avantages obtenus en son absence,

Cette bataille montrait une fois de plus que des mouvements combinés de trop loin sont toujours dérangés par les événements, et que l'on ne peut pas compter que deux corps séparés par plusieurs marches de distance pourront attaquer le même jour à heure fixe. Dans la campagne de 1796, Bonaparte dut presque toutes ses victoires à des calculs semblables faits par les Autrichiens.

Inaction de l'armée de la Loire après la victoire de Coulmiers.

A la suite de la bataille de Coulmiers, le Gouvernement voulait que l'armée marchât sur Paris ; mais le général d'Aurelles, craignant pour sa jeune armée la rencontre des troupes du prince Frédéric-Charles, préféra s'établir autour d'Orléans dans un camp retranché pour y former ses troupes et les préparer à ce choc redoutable. La 1re division prenait position au nord des grands massifs de la forêt d'Orléans, à Neuville-aux-Bois et à Chevilly ; la 2e division à Cercotte et à Gidy. Le 16e corps se trouvait à Boulay et Saint-Péravy sur la route de Châteaudun, ayant derrière lui la 3e division du 5e corps à Bucy-Saint-

Liphard et Coulmiers. La cavalerie couvrait le flanc gauche de l'armée.

La résolution du général en chef d'attendre les attaques de la IIe armée dans un camp solidement retranché, à la défense duquel ses troupes seraient exercées, pendant qu'on pourrait perfectionner leur instruction si imparfaite, peut très bien se défendre. Mais on a dit qu'il eût mieux valu profiter des avantages obtenus, poursuivre ses succès, marcher sur Paris. Tout succès, a-t-on dit, en amène d'autres. L'effet moral produit par cette marche victorieuse eût été considérable. Si l'on craignait l'arrivée des troupes du prince Frédéric-Charles, il ne fallait pas l'attendre, il fallait au contraire se hâter de profiter de leur absence. Il n'était pas indifférent de livrer bataille quelques lieues de Paris ou près d'Orléans. Les quelques jours que l'on pouvait consacrer à l'instruction des troupes ne les mettaient jamais à même de soutenir la lutte. Il fallait donc profiter des chances favorables que la fortune nous offrait et qu'elle pourrait bien ne plus nous présenter.

Du reste les Allemands étaient fort surpris de n'être pas poursuivis, surprise qui montre bien l'étendue de la faute commise. Cette disparition subite de l'armée de la Loire faisait même supposer au grand-duc de Mecklenbourg qu'elle s'était dérobée sur sa gauche, et qu'il allait la trouver remontant vers le nord pour se joindre aux forces réunies dans la Normandie. Dans cette idée il ordonnait un mouvement général vers le nord-ouest. Le 13 novembre, la 17e division gagna Auneau, le 1er corps bavarois Ymonville ; mais, sur de nouveaux renseignements, le grand-duc arrêtait le mouvement. Seule la 22e division continuait sa marche pour occuper Chartres.

En résumé, vers le milieu de novembre, les Allemands n'avaient pu se faire une idée nette de l'emplacement de nos troupes et de nos projets.

Evénements maritimes.

Cette période avait été marquée en mer par la rentrée de l'escadre française dans le port de Cherbourg, et par un combat naval dans les eaux de la Havane, entre l'aviso à vapeur français *le Bouvet* et la canonnière allemande *le Météore*. Dans ce combat *le Météore* perdait son grand mât et le mât de misaine ; *le Bouvet* avait sa chaudière percée par un projectile, et était obligé de se réfugier dans le port neutre de la Havane.

CHAPITRE X.

BATAILLE DE BEAUNE-LA-ROLANDE ET DE LOIGNY-POUPRY.

Marche de la IIe armée sur Orléans.

Après la bataille de Coulmiers, l'ennemi restait dans la plus complète indécision. Croyant à une marche de flanc de l'armée de la Loire pour rejoindre les troupes qui se trouvaient à Evreux, le grand quartier général ordonnait d'abord au grand-duc de s'opposer à tout mouvement venant soit de l'ouest, soit du sud. Cette double mission était très difficile à remplir. Mais bientôt l'arrivée de la IIe armée permettait d'y consacrer de nouvelles troupes. Dès le 15 novembre, le IXe corps recevait l'ordre de s'établir sur la route d'Orléans et de faire face au sud ; et dès lors la mission du grand-duc se bornait à surveiller l'ouest. Le général de Manstein s'établissait à Angerville, où il recevait du prince Frédéric-Charles l'ordre de rester jusqu'au 20 novembre, époque où le IIIe corps serait à Pithiviers et le Xe à Montargis. La marche de ces deux derniers corps s'exécutait au milieu d'un pays hostile, rempli de francs-tireurs. Chaque jour était marqué par des engagements quelquefois assez sérieux. Il y en avait à Nancroy, à Beaune-la-Rolande, à Joigny. Néanmoins, le 21 au matin, les deux corps étaient arrivés aux positions prescrites. Pendant ce temps, les reconnaissances exécutées par la cavalerie avaient signalé la présence de nombreuses troupes établies autour de la forêt d'Orléans sur une ligne de 60 kilomètres, s'étendant d'Orgères à l'ouest jusqu'à Beaune-la-Rolande à l'est, en passant par les points intermédiaires de Dambron et de Chilleurs-aux-Bois. Des camps nombreux étaient signalés à Artenay, Crouzy et Chevilly.

Ces renseignements décidaient le prince Frédéric-Charles à masser les IXe et IIIe corps sur les deux côtés de la route de Paris à Orléans et à y appeler aussi le Xe corps qui, dans les intentions primitives, devait se porter sur Bourges. Le grand-duc recevait communication de ces projets et était invité à agir dans la direction de Tours, pour décider l'armée de la Loire à faire un détachement de ce côté.

Le 22 novembre, la IIe armée exécutait donc son mouvement sur sa droite. Le IXe corps se concentrait de Toury à Alluines, le IIIe corps autour de Pithiviers, le Xe autour de Montargis. Pendant ces mouvements on signalait de forts rassemblements de troupes tant à l'aile droite qu'à l'aile gauche de l'armée, ce qui contribuait à entretenir l'indécision du général en chef, quand une dépêche du grand quartier général venait éclaircir la situation. Celui-ci avait en effet reçu une dépêche du général de Werder annonçant le mouvement d'un corps français parti de Besançon et gagnant la Loire. Dès lors il était évident que l'attaque partirait d'Orléans. Le grand quartier général en informait le prince et, jugeant qu'il n'avait plus rien à craindre du côté de l'ouest, mettait sous les ordres de ce dernier les troupes du grand-duc, pour les faire concourir à l'attaque d'Orléans. Le prince recevait ces nouvelles dans la soirée du 23 et se décidait à attendre l'arrivée du grand-duc.

Marche du grand-duc sur Orléans.

Le grand-duc, d'après les ordres primitivement reçus, s'était porté d'abord sur l'ouest vers Dreux, puis était descendu au sud dans la direction de Tours et venait enfin à Sauville en se portant sur sa gauche pour se joindre à l'aile droite du IXe corps. Sa marche avait été un combat continuel dans toutes les directions. Ses têtes de colonne étaient partout reçues à coups de fusil. Il se livrait de petits combats autour de Dreux, à Nuisemont, à Châteauneuf, à Thimert, à Landelle, à Torçay, à Digny, à Saint-Maixent, à Bretoncelles, à La Fourche, à Thiron-Gardais, à La Madeleine-Bouvet, à Bellême, à Brou, où l'on rencontrait les premières troupes du 17e corps, à Châteaudun. Mais nulle part on ne rencontrait de forces assez considérables pour mettre obstacle au mouvement des troupes allemandes. Néanmoins tous ces combats avaient fait craindre pour la sécurité du Gouvernement installé à Tours, et le général de Sonis commandant le 17e corps recevait l'ordre d'occuper Vendôme pour couvrir la route de Tours. Heureusement pour nous, cette mesure qui privait l'armée de la Loire d'un gros détachement, était jugée inexécutable par le général de Sonis, et il se contentait de se replier derrière la forêt de Marchenoir.

Jonction du prince Frédéric-Charles et du grand-duc de Mecklenbourg. — Combats de Ladon et de Maizières.

Le 27, la communication était établie entre les troupes du grand-duc et celles de la IIe armée. Celles-ci avaient livré pendant ce temps des combats à Neuville-aux-Bois, à Artenay, à Ladon et à Maizières. Les deux derniers s'étaient produits pendant les mouvements nécessaires à la concentration du Xe corps autour de Beaune-la-Rolande, qui avait été prescrite pour se rapprocher davantage du IIIe corps. Le même jour l'armée de la Loire avait porté le 20e corps en avant, comme nous le verrons plus loin, et la simultanéité de ces mouvements avait amené les combats de Ladon et de Maizières le 24 novembre. Au cœur du combat, on signalait des forces importantes à Bellegarde. Le prince Frédéric-Charles était alors induit à penser que l'attaque se produirait sur son aile gauche. Cependant la situation n'était pas assez nette pour justifier un mouvement de toute l'armée sur son flanc gauche ; il se contentait donc de prescrire au IIIe corps de faire avancer la 5e division d'infanterie vers Pithiviers pour soutenir au besoin le Xe corps, et au Xe corps d'occuper Montargis à son extrême gauche. Le 27, sur de nouveaux indices menaçants pour son aile gauche, le prince faisait avancer le IIIe corps sur Boynes et Pithiviers. A Boynes se trouvait déjà la 1re division de cavalerie unissant le IIIe et le Xe corps.

Lignes d'Orléans. — Formation du 18e corps.

Après la victoire de Coulmiers l'armée française s'était retirée sur Orléans et s'y était fortifiée. La forêt avait été mise en état de défense. Tous ses abords étaient protégés par des ouvrages et des abatis ; des emplacements étaient préparés pour les batteries. Malheureusement les communications avaient été établies sur un plan des plus vicieux. Il eût été nécessaire d'avoir une route parallèle au front de défense qui, passant à l'intérieur de la forêt, permît de porter rapidement des troupes d'un point à l'autre du périmètre. L'épaisseur du bois eût masqué ces mouvements, et l'on eût pu surprendre l'ennemi par des concentrations de masse sur des points imprévus. Or, par une aberration singulière, non seulement on ne créa pas cette route, mais l'on obstrua soigneusement toutes celles qui existaient dans ce sens. On ne laissa subsister que celles qui convergeaient vers Orléans, de telle sorte que, pour se porter d'un point à un autre voisin à quelques kilomètres de distance, il fallait rétrograder sur la ville et traverser deux fois la forêt dans toute son épaisseur. Chaque corps se trouvait ainsi isolé dans le secteur qu'il avait à défendre; et la défaite de l'un entraînait forcément la retraite des autres qui se trouvaient tournés.

La ville elle-même était protégée par des travaux de toute nature. Des batteries de position étaient armées de grosses pièces de marine tirées des arsenaux de Cherbourg, et servies par des compagnies de marins.

Pendant ce temps le 18e corps d'armée s'était formé à Nevers. Le général Bourbaki qui devait le commander n'étant pas arrivé, le corps était commandé provisoirement par le chef d'état-major général Billot. Le 20e corps, venu de Besançon sous les ordres du général Crouzat, avait laissé 15,000 hommes à Lyon, et se concentrait à Gien.

Marche sur Pithiviers exécutée par les ordres directs du ministère de la guerre.

Sur ces entrefaites, le Gouvernement de Tours mettait le général d'Aurelles en demeure de présenter un projet de marche sur Paris. Celui-ci ayant objecté qu'il fallait d'abord connaître les projets du général Trochu, le ministère prenait la direction des opérations, et prescrivait un mouvement de l'aile droite sur Pithiviers avec le projet de marcher ensuite sur Fontainebleau. Dans la nuit du 22 au 23 novembre, le 15e corps recevait l'ordre de porter 30,000 hommes sur Pithiviers le 24 novembre, et le 20e corps de se porter le même jour à Beaune et Juranville. Sur l'observation du général d'Aurelles que ce mouvement allait attirer les 80,000 hommes du prince Frédéric-Charles, et que la bataille engagée ainsi par deux corps seulement pouvait être décisive, qu'il était plus avantageux d'attendre l'attaque des Allemands dans une position retranchée où l'on pourrait réunir cinq corps d'armée, les ordres étaient révoqués et l'on se contentait de porter le général Martin des Pallières sur Chilleurs-aux-Bois, et le général Crouzat sur Boiscommun et Bellegarde. Ces mouvements donnaient lieu aux combats de Ladon et de Maizières avec le Xe corps qui n'était pas encore concentré. Les jours suivants le 18e corps tout entier gagnait Ladon et Montargis et était mis avec le 20e sous les ordres du général Crouzat. Celui-ci recevait le 26 l'ordre de préluder à la marche sur Pithiviers en faisant occuper Beaune-la-Rolande. Il prescrivait l'opération pour le 28. Le 18e corps devait déboucher par Maizières et Juranville; le 20e par Montbarrois et Saint-Loup.

La route d'Orléans à Pithiviers conduit par Malesherbes et Milly sur la lisière ouest de la forêt de Fontainebleau. Une route allant de Montargis à Malesherbes, en passant près de Beaune-la-Rolande, permettait de réunir sur ce même point de Malesherbes les corps venant d'Orléans et de Gien. Une autre route à l'est de celle-ci va directement de Montargis à Fontainebleau. En marchant en force sur Pithiviers on perçait la ligne des Allemands, et on rejetait le Xe corps sur la droite. L'opération avait d'autant plus de chances de succès que le général d'Aurelles se trompait en attribuant 80,000 hommes à l'armée du prince Frédéric-Charles. Elle ne comptait en ce moment, grâce aux détachements, aux pertes par le feu et par les maladies, pas plus de 45,000 combattants d'infanterie. Elle était répartie sur une immense étendue, et se trouvait donc dans des conditions défavorables. Nous avons vu que le 24, jour pour lequel le ministère avait prescrit l'attaque sur Pithiviers et Beaune-la-Rolande, le Xe corps n'était pas encore concentré, et que les mouvements restreints prescrits au 20e corps après le retrait des ordres primitifs avait eu pour résultat d'opposer des obstacles sérieux à cette concentration. La jonction des huit armées allemandes ne s'opérait que le 27, trois jours plus tard. Il est donc à regretter que les observations du général d'Aurelles aient fait rejeter ce plan. Agir par la route directe de Montargis à Fontainebleau eût été dangereux. Il eût fallu exécuter une longue marche de flanc devant un ennemi redoutable malgré son infériorité numérique, et l'on n'eût apporté aucun obstacle à sa concentration puisqu'on aurait tourné son aile gauche. Il eût pu alors par sa position sur le flanc de la direction de la marche sur Paris nous porter des coups irréparables. La marche sur Pithiviers était donc mieux conçue à tous les points de vue, et les circonstances lui donnaient beaucoup de chances de réussite. Mais pour tenter une opération de ce genre, il eût fallu appeler à soi toutes ses forces, ne laisser devant Orléans qu'un seul corps d'armée et se fier pour protéger Tours aux effets naturels de la marche sur Paris.

Positions occupées par les Allemands le 28 novembre.

Le 28 au matin, le Xe corps réduit à 3 brigades (une brigade était encore aux environs de Langres) et comptant 11,000 combattants d'infanterie, occupait avec la 38e brigade le village de Beaune-la-Rolande, avec la 39e les Cotelles. La 37e et l'artillerie de corps se portaient en réserve à Marcilly en arrière de Beaune et des Cotelles. La position ainsi réduite comprenait tout au plus 6 kilomètres. Mais les avant-postes s'étendaient sur une longue ligne de plus de 12 kilomètres, allant de Batilly aux environs de Corbeilles en passant par Orme et Foncerive. Le champ de bataille parsemé de fermes, de bouquets d'arbres, de vergers, de broussailles était peu favorable au tir de l'artillerie, mais éminemment propre à un combat d'infanterie. Les Allemands avaient choisi pour position défensive le petit village de Beaune-la-Rolande qui, entouré d'un mur de 4 mètres de hauteur, avait été mis en état de défense, et les pentes douces voisines de Long-Cour. La route allant de Beaune-la-Rolande à notre gauche, à Corbeilles à notre droite en passant par les Cotelles, Juranville et Lorcy, dessinait le front de leur position.

Bataille de Beaune-la-Rolande. — Progrès du 18e corps à l'aile droite.

A notre droite, le 18e corps commence l'attaque. La

brigade Robert est accueillie par le feu des avant-postes et par celui d'une batterie placée aux Cotelles derrière Juranville. Le village de Juranville est défendu pendant quelque temps. Mais vers 9 heures la batterie des Cotelles en proie à la fusillade abandonne la place, et presque aussitôt l'infanterie évacue Juranville. Elle est recueillie aux Cotelles et deux batteries s'établissent plus en arrière au moulin des Hommes-Libres, tout près de Long-Cour. Plus à notre droite, à Lorcy, la brigade Bonnet forçait les avant-postes allemands à se replier. Mais néanmoins cette brigade était bientôt forcée de s'arrêter devant la ferme du Fournil, tandis que quelques contingents ennemis disputaient encore les environs de Corbeilles.

Vers 10 heures on tente une attaque générale. Nos troupes débouchent sur le terrain ouvert au nord de Juranville que nous avons occupé. Les Allemands marchent à notre rencontre; mais, assaillis de front, débordés à leur gauche, ils ne se maintiennent qu'avec peine. La 39e brigade, profitant de l'arrivée d'un renfort envoyé par la 37e brigade, met en ligne son dernier bataillon. Celui-ci dépasse les Cotelles et, prenant à sa gauche, marche sur Juranville. Nos lignes sont forcées de rétrograder. Mais elles opposent une résistance acharnée dans le village. L'artillerie ne peut prendre part à la lutte et un feu violent de mousqueterie dure jusque vers 1 heure. A ce moment les réserves ennemies envoient un nouveau bataillon de renfort. Celui-ci se dirige sur la face ouest du village, tandis que les autres troupes se reportent en avant sur la face nord. Nous nous replions alors vers le sud; mais chaque ferme devient le centre d'un petit combat.

Cependant, à notre extrême droite, la brigade Bonnet était parvenue à s'emparer de Corbeilles. L'ennemi se retirait sur Long-Cour; mais la brigade, au lieu de le suivre, se rabattait à gauche sur Juranville. En même temps les réserves restées à Maizières dirigeaient de nouvelles troupes sur le même point. Le village est bientôt emporté, et les Allemands battent en retraite sur Long-Cour. Ce succès enhardit nos troupes. La plus grande partie du 18e corps se déploie devant Long-Cour et marche résolument à l'attaque, sans la préparer par l'artillerie. Le mouvement s'exécute en masses compactes précédées de lignes trop épaisses de tirailleurs. Le feu de l'artillerie y fait des ravages énormes; néanmoins la ligne avance toujours. Mais bientôt l'ennemi parvient à établir à notre flanc gauche les batteries en position au moulin des Hommes-Libres. Nos lignes atteintes par ce feu battent en retraite. Néanmoins un bataillon s'était glissé jusque à 200 pas des Cotelles en profitant des couverts du terrain. Un premier assaut donné au village est repoussé par les Allemands. Un deuxième assaut est aussi repoussé. L'ennemi amène deux pièces qui, placées sous le feu des tirailleurs, éprouvent des pertes telles que l'une d'elles reste sur place ayant perdu deux conducteurs, cinq servants, quatre chevaux.

Nous étions en ce moment en retraite sur Juranville et menacés d'une attaque. Mais pendant ce temps le général Crouzat avait dirigé de nouvelles forces sur la gauche de cette position et des colonnes nombreuses se dirigeaient sur Venouille, petit village qui fait suite aux Cotelles et à Juranville. Les Allemands, menacés par ces troupes fraîches, se replient alors sur Long-Cour et nos troupes occupent Venouille et les Cotelles. A la suite de ces engagements un feu d'artillerie s'établissait entre nos lignes et l'ennemi replié autour de Long-Cour, et durait jusqu'à la nuit.

Ainsi, à notre aile droite, nous avions obtenu les résultats cherchés. Malheureusement ils avaient pour effet de rejeter l'ennemi dans la direction par laquelle devaient lui arriver les secours du IIIe corps. Quelque heureux que fussent ces succès, ils n'avaient donc pas la même portée que ceux que l'on cherchait à notre aile gauche du côté de Beaune-la-Rolande.

Attaque de Beaune-la-Rolande par le 20e corps.

Le 20e corps s'était divisé en deux colonnes. Celle de gauche marchait de Boiscommun sur Batilly, celle de droite de Montbarrois sur Beaune. Une division restait en réserve à Saint-Loup. Les avant-postes allemands se replient en tiraillant sur la position établie sur les hauteurs des deux côtés de Beaune. Il était important de faire avancer le plus tôt possible notre aile gauche, parce que si elle parvenait à occuper à temps la route de Beaune à Pithiviers, elle interceptait l'arrivée du IIIe corps. Dans ce but la 1re division débouchait de Batilly. Mais, en débouchant du bois de La Leu, elle est refoulée par le feu d'une seule batterie prussienne. Notre artillerie se déploie à son tour; mais après quelques coups elle est contrainte de céder la place. On est obligé de recourir aux réserves laissées à Saint-Loup. L'ennemi recule alors et vers midi les lignes allemandes arrivent au carrefour de la route de Pithiviers. C'est cette route qu'il faut enlever. De tous côtés nos tirailleurs se portent en avant. Ils ont appris de nos adversaires la progression par bonds successifs. Ils sont à 100 mètres de la ville. Les Allemands abandonnent la route de Pithiviers laissant entre nos mains une pièce placée au carrefour même.

Sur la route même nos tirailleurs occupent plus à gauche la Pierre-Percée. En ce moment même nos lignes environnaient le village de Beaune-la-Rolande, nous escaladions la hauteur des Roches à l'est de la ville. Les troupes en position sur ce point battaient en retraite et allaient occuper la rue Boussier à 1,600 mètres en arrière du village. Mais les batteries à cheval s'avançant jusqu'à 800 mètres de nos tirailleurs parviennent à arrêter momentanément notre élan et se replient ensuite à leur tour sur la rue Boussier.

Il fallait s'attendre à voir la 1re division ayant franchi la route de Pithiviers marcher à l'attaque de la rue Boussier. Mais il n'en était rien. Son mouvement était paralysé par l'apparition sur son flanc gauche de la 1re division de cavalerie prussienne précédant la 5e division du IIIe corps.

Néanmoins, à 1 heure de l'après-midi, Beaune était entouré de feux. Nos tirailleurs étaient parvenus jusqu'au cimetière et attaquaient avec ardeur les barricades qui fermaient les rues. Nos obus détruisaient les murs du cimetière et incendiaient plusieurs maisons. Les attaques se succédaient avec une fureur toujours croissante sous la direction du vaillant et énergique général Crouzat. Les défenseurs étaient réduits aux munitions de leur giberne. Mais en ce moment les troupes et les batteries qui s'étaient ralliées à la rue Boussier rentrent au combat. Elles s'efforcent de reconquérir la route de Pithiviers par où arrive le IIIe corps. Elles s'établissent à Romainville, devant la Pierre-Percée et au nord de Beaune parallèlement à la route. Mais leurs efforts sont vains jusqu'à ce que l'arrivée de la 5e division vienne dénouer la lutte en leur faveur.

Arrivée de la Ve division prussienne.

Déjà la 1re division de cavalerie avait paru sur le champ de bataille. Sans engager ses escadrons contre l'infanterie, elle avait envoyé sa batterie sur notre flanc gauche et canonné Batilly que nous avions déjà dépassé. Il était un peu plus d'une heure ; nos tirailleurs entamaient un feu de mousqueterie. Les escadrons ennemis essayaient de charger ; mais le sol détrempé par les pluies empêchait tout mouvement, et la batterie était contrainte de rétrograder. Malgré cet échec notre mouvement sur la rue Boussier était arrêté.

La 5e division arrivait à Boynes, à 8 kilomètres de Beaune à 2 heures. Le prince Frédéric-Charles la dirigeait vers le sud. Son avant-garde déployait vers la butte de l'Onnateau quelques troupes pour couvrir son flanc droit et, continuant sa marche, venait s'établir sur la route de Pithiviers à La Bretonnière. Ses batteries s'établissaient hardiment au pont de La Fosse-des-Prés, tout près de nos tirailleurs qui occupaient La Pierre-Percée. Ce petit bois est attaqué par deux régiments, et nos tirailleurs sont forcés de l'évacuer en abandonnant la pièce qu'ils avaient enlevée. Ils évacuent ensuite le bois de La Leu. Puis la retraite est ordonnée et nos troupes reculent en combattant jusqu'à Montbarrois où elles s'arrêtent à la nuit tombante.

Retraite du 20e corps.

Les Allemands campaient sur les positions occupées en dernier lieu. De notre côté le 18e corps passait la nuit sur le terrain conquis, c'est-à-dire à Venouille, Juranville et Maizières ; le 20e reprenait ses emplacements précédents à Boiscommun et à Bellegarde. Nous avions mis en ligne environ 60,000 hommes et 130 bouches à feu contre un ennemi qui au début n'avait pas plus de 11,000 hommes et 70 canons. Telle est la force de la discipline et de l'instruction des troupes. Notre énorme supériorité numérique n'avait pu nous assurer une victoire complète. Nous avions perdu 1,300 hommes et 1,800 prisonniers. Les Allemands environ 900.

Réflexions sur la bataille de Beaune-la-Rolande.

On remarquera que dans cette bataille le feu d'une seule batterie prussienne a arrêté à son début la marche de la 1re division. C'est un succès qu'on ne peut attendre qu'en face de troupes peu habituées au combat. Plus tard à l'attaque de Long-Cour, une épaisse ligne de tirailleurs est arrêtée par les feux de flanc de batteries placées à sa gauche. Ce feu eût eu peut-être moins de résultat si l'on ne se fût porté à l'attaque en masses compactes et en chaînes serrées. Nous avons vu que dans l'attaque d'une position la densité doit aller de 10 à 12 hommes par mètre courant. Mais il faut soigneusement se garder de les lancer en masses trop serrées. Il est nécessaire de bien abriter les réserves et de les utiliser à garnir la ligne de feu dans la limite du nécessaire. Sinon, on s'expose aux désastres qui ont marqué l'attaque de la garde prussienne sur Saint-Privat.

Il eût peut-être été à désirer que l'attaque de Beaune fût confiée au 18e corps et que le 20e se portât plus à gauche sur la route de Pithiviers. En agissant ainsi, on eût poussé le Xe corps sur la route de Montargis à Fontainebleau et on l'eût séparé des secours qu'il pouvait attendre. Néanmoins l'affaire avait été vigoureusement conduite, et si l'on fût parvenu à enlever Beaune, le résultat eût été peut-être obtenu. Si nous avions échoué de ce côté, notre aile droite avait cependant conquis du terrain, mais dans une direction où ses progrès ne pouvaient rien amener. La bataille était donc indécise de notre côté. Les Allemands avaient obtenu des résultats plus sérieux pour eux, d'abord en résistant à nos attaques malgré leur très grande infériorité numérique et ensuite en gardant leur communications,

Inaction de l'armée française après la bataille de Beaune.

Le lendemain les Allemands s'attendaient à être attaqués ; et si l'armée de la Loire avait été complétée par les 15e et 16e corps, ils l'auraient été avec quelques chances de succès. Mais dans la nuit le général Crouzat recevait de Tours l'ordre de cesser toute attaque. Dans la soirée du 29, le 18e corps évacuait ses positions. Les Allemands serraient sur leur gauche. Le IXe corps appuyait vers Pithiviers et le grand-duc vers la route d'Orléans.

Le 30, les 18e et 20e corps recevaient l'ordre d'appuyer à leur gauche sur les positions du 15ᵉ, en se couvrant de détachements envoyés au nord. Ces détachements se heurtaient en plusieurs points aux reconnaissances prussiennes. Des combats avaient lieu à Montbarrois et à Maizières. Le prince Frédéric-Charles, croyant à une attaque imminente, ordonnait la concentration immédiate de toutes les troupes à Long-Cour. Le IXᵉ corps était dirigé sur Boynes. Mais l'attaque attendue ne se produisait pas; et le lendemain au contraire les rapports des reconnaissances indiquaient nettement que les Français avaient abandonné tout projet sur leur aile droite, et qu'ils allaient probablement opérer de l'autre côté de la forêt d'Orléans. Ce même jour, la brigade du Xᵉ corps laissée devant Langres rejoignait l'armée, ne laissant devant la place qu'un faible détachement.

La marche sur Paris est décidée.

L'armée du grand-duc avait eu pendant ce temps quelques engagements dont le plus fort avait eu lieu à Varize contre le corps franc du colonel Lipowski. Les jours suivants il signalait de forts mouvements de troupes sur sa droite dans les environs de Patay, tandis que de l'autre côté on constatait que les 18ᵉ et 20ᵉ corps évacuaient leurs positions. Ces mouvements résultaient de nouvelles dispositions. Le 1ᵉʳ décembre le Gouvernement de Tours recevait de Paris une dépêche vieille de quatre jours. Le ballon qui la portait était allé s'abattre en Norwège, et c'est de là que la lettre avait été renvoyée à son adresse. Cette dépêche l'informait que le général Ducrot tenterait, le 29 novembre, de percer les lignes d'investissement au sud avec 100,000 hommes et 400 bouches à feu et se porterait ensuite dans la direction de Gien. Il y avait donc tout lieu de croire que la lutte durait depuis trois jours et qu'on n'avait pas de temps à perdre. Un conseil de guerre se réunissait le même jour au quartier général du général d'Aurelles, et M. de Freycinet y apportait l'ordre impératif de se diriger sur Pithiviers. Il était porteur d'un décret destituant le général d'Aurelles dans le cas où celui-ci eût montré quelque hésitation.

Le général d'Aurelles s'arrêtait alors au projet de faire exécuter une conversion à droite à son aile gauche, la 1re division du 15e corps servant de pivot, à Chilleurs-aux-Bois. Le 17e corps se porterait à Coulmiers pour couvrir Orléans, et le 21e qui avait été formé au Mans se dirigerait sur Vendôme. Le 18e et le 20e devaient attendre dans leurs positions l'ordre de marcher sur Pithiviers.

Combat de Villepion.

Dans la matinée du 1er décembre, le 16e corps entamait le mouvement ordonné en portant ses 2e et 3e divisions de Saint-Péravy-la-Colombe à Sougy; et la 1re sur Gommiers et Guillonville. Cette dernière rencontrait l'ennemi et avait à combattre. Gommiers et Guillonville sont deux petits villages situés à 2 kilomètres l'un de l'autre. A droite la brigade Bourdillon marchait sur le premier et à gauche la brigade Deplanque sur le second.

Enlèvement de Gommiers.

A peine arrivée à portée de Gommiers, la brigade Bourdillon est accueillie par le feu de quatre batteries bavaroises. L'artillerie française se déploie à son tour. La marche de la brigade Deplanque à gauche force la cavalerie allemande à se replier vers l'ouest ; les Bavarois se trouvant alors sans appui évacuent Gommiers sous le feu de l'infanterie et se portent en arrière sur le château de Villepion. Ce château est entouré d'un grand parc clos d'un mur de $2^{m},60$ de hauteur. A 1,500 mètres à sa droite (côté français) se trouve le village de Faverolles et à 1 kilomètre à gauche celui de Nonneville. On avait donc là une excellente ligne de défense peu étendue, solidement appuyée. Malheureusement pour les Bavarois, le mur du parc de Villepion qui faisait face à l'attaque était trop haut, et l'on avait trop peu de temps pour l'organiser défensivement. Les Bavarois le laissaient donc inoccupé et se contentaient de garnir les côtés qui faisaient face d'une part à Faverolles, de l'autre à Nonneville. Deux bataillons garnissent le côté de Faverolles, un bataillon et une batterie celui de Nonneville. Deux batteries, un bataillon d'infanterie et une compagnie de chasseurs sont sur le chemin de Faverolles ; deux compagnies à Nonneville, et trois restent en réserve en arrière de Villepion.

La brigade Deplanque débouchait en ce moment de Guillonville : elle y trouvait la 2e brigade bavaroise que le général von der Tann avait fait venir d'Orgères vers 2 heures 1/2. Elle est reçue par les deux bataillons de tête qui se déploient à hauteur de la ferme de Chauvreux, et par deux batteries de 6 qui se placent à Nonneville.

Pendant ce temps, la 4e brigade bavaroise, qui se trouvait aux abords de Loigny, accourait au bruit du canon. Elle détache une batterie qui va au trot prendre part au combat et la fait suivre par le 13e régiment qui loge un de ses bataillons dans Faverolles, et les deux autres entre Villepion et Faverolles. Le reste de la brigade s'arrête à Loigny et Lumeau.

Enlèvement du château de Villepion.

Cependant la brigade Deplanque continue d'avancer; les Prussiens sont décimés sous son feu. Le général de division de Stephan, blessé d'un éclat d'obus et d'une balle, cède le commandement au général de Dietl. La batterie de 4 placée à Chauvreux est forcée de se retirer. Nos lignes se précipitent en avant; mais elles sont arrêtées par un tir à mitraille précipité exécuté par les quatre pièces seules encore en état de combattre près de Nonneville. L'infanterie bavaroise a épuisé ses munitions, et se prépare à défendre ses pièces à la baïonnette. En ce moment un secours lui arrive; c'est celui d'un bataillon de chasseurs, qui lui est envoyé des réserves placées derrière Villepion. Le danger est un instant conjuré. Mais en ce même moment l'amiral Jauréguiberry conduit lui-même trois bataillons de la brigade Bourdillon à l'assaut du château de Villepion. Là aussi les défenseurs ont épuisé leurs munitions. Le château est emporté d'un seul élan, et, à la nuit tombante, les Bavarois se replient de toutes parts sur Loigny.

Les Bavarois avaient perdu 900 hommes; les Français 1,100. On est surpris que notre artillerie n'ait pas fait brèche au mur du parc sur le côté qui n'était pas défendu. La relation n'en donne aucun motif. On remarquera en outre le bon effet d'un tir précipité à mitraille exécuté à petite portée par quatre pièces seulement.

Le soir venu, les Bavarois s'installaient à Orgères, Loigny, Lumeau. Le 16e corps français occupait en face d'eux Villepion, Terminiers et Sougy.

Ce premier succès dans la marche sur Paris comblait de joie ceux qui rêvaient la délivrance de la patrie ; ils y virent l'aurore d'un nouveau jour. On recevait en même temps une dépêche disant que le général Ducrot avait occupé Epinay. On voulait parler d'Epinay-lès-Saint-Denis. Mais, aveuglé par l'espérance, on comprenait Epinay-sur-Orges près de Longjumeau. Les lignes d'investissement étaient donc rompues, nos premiers pas sur la route de Paris étaient heureux. La fortune des armes passait donc de notre côté. Le ministre Gambetta annonçait dans une proclamation retentissante la ruine prochaine de l'envahisseur. Illusions généreuses que tant d'autres ont ressenties : on croit aisément ce que l'on désire avec ardeur, et après tant de revers on ne pouvait nous blâmer de nous reprendre si chaudement à l'espérance. Les cœurs n'étaient point encore abattus.

Bataille de Loigny-Poupry. — Défauts du plan de bataille.

Le lendemain le 16e corps avait ordre d'atteindre Allaines, Janville et Toury. Le 17e devait suivre sur Patay et Sougy ; le 15e, pivotant sur Chilleurs-aux-Bois, devait porter son aile gauche à Santilly. Le mouvement de conversion serait ainsi terminé et l'armée placée face à l'est sur la route d'Orléans à Paris. Du côté des Allemands, le 1er corps bavarois avait reçu l'ordre de se concentrer au nord-est de Loigny, la gauche appuyée au château de Goury. La 17e division, qui était à Santilly, devait se diriger sur Lumeau à 2 kilom. 1/2 à l'est de Goury, et la 22e sur Baigneaux à 3 kilom. en arrière de l'aile gauche. Deux brigades de cavalerie devaient rester à garder la route d'Orléans. Le château de Goury, Lumeau et Poupry sont sur une droite qui, partant d'Artenay sur la route d'Orléans, se dirige obliquement vers le nord-ouest. Elle formait la ligne de séparation des deux armées. Goury et Lumeau vers l'extrémité étaient occupés par les Allemands. Poupry, vers le pivot, ne l'était par personne. Presque en face de Poupry se trouve Baigneaux, point assigné à la 22e division. L'armée allemande refusait donc sa gauche, et son effort devait s'opposer plus directement au 16e corps qui formait l'aile marchante et avait le plus grand trajet à parcourir. Il est clair de voir qu'une attaque vigoureuse du 15e corps de Poupry sur Baigneaux mettant en danger la route d'Orléans et tendant à couper le grand-duc du prince Frédéric-Charles, faciliterait singulièrement le mouvement de conversion du 16e corps. C'était donc sur la route d'Orléans qu'il fallait masser ses forces et marcher hardiment en avant, dût-on dépasser les points assignés pour objectifs.

Dès le matin, les colonnes françaises, débouchant à l'ouest de Loigny entre ce village et la ferme de Villerand, trouvaient le 1er corps bavarois en marche de La Maladerie, où il avait passé la nuit, à Goury qui lui était assigné comme position. Pendant que les avant-postes se repliaient rapidement, la brigade tête de colonne couvrait sa droite de deux bataillons et de trois batteries déployés autour de la ferme de Beauvilliers, puis un bataillon allait renforcer les avant-postes réunis au château, et les trois autres bataillons allaient se placer en réserve en arrière. La brigade suivante laissait un bataillon et une batterie à Beauvilliers et prenait rang sur la ligne de bataille entre Beauvilliers et Goury avec cinq bataillons et une batterie. La 1re division de la brigade de cuirassiers et la partie disponible de la réserve d'artillerie prenaient position à Villeprévost en arrière de la ligne.

Attaque repoussée sur Beauvilliers.

De notre côté la 2e division marchait de Terminiers sur Loigny, la 3e sur Lumeau ; la 1re marchait en réserve derrière l'aile gauche. La 2e division marche hardiment sur Beauvilliers malgré le feu terrible qui part de cette position. Mais au bout de quelque temps il y a hésitation, puis flottement. Le 3e régiment bavarois se lance alors sur nos troupes incertaines ; il est suivi par trois autres bataillons. Nos lignes reculent alors en désordre ; mais parvenues à hauteur d'Émillon, petit hameau tout près de Loigny, elles sont recueillies par la 1re division.

Attaque de la 1re division.

La 1re division s'était en effet portée en avant ; la brigade Bourdillon marchait sur le château de Goury et Beauvilliers, et à sa gauche la brigade Deplanque se dirigeait sur Villeprévost, débordant légèrement la droite ennemie. Au même instant, la 3e division Maurandy, débouchait devant Lumeau. Pour s'opposer au mouvement de la brigade Bourdillon, l'aile gauche ennemie exécute une conversion à droite, mais ce mouvement aventuré lui cause des pertes considérables. En quelques moments, les cinq bataillons ainsi formés perdent 31 officiers et 580 hommes. Ils abandonnent la place couverte de morts et de blessés, et nos lignes continuent à progresser vers la château de Goury.

Pour faire face à la brigade Deplanque, le général Von der Tann faisait avancer sa 1re division qu'il avait tenue jusqu'alors à Villeprévost, et la déployait à droite de la ligne de bataille de la 2e division sur le prolongement de la ligne Goury-Beauvilliers. Quatre batteries à cheval de la 4e division de cavalerie se portaient à l'extrême droite près de Tienon, tandis que trois batteries bavaroises entraient en face de Villeprévost même. Alors le combat devient stationnaire. La grande route d'Orléans à Chartres marque le front de bataille. Pendant les fluctuations de la lutte, deux compagnies bavaroises finissent par s'en rapprocher et s'emparent d'un bouquet de bois près de la ferme de Morâle. Mais le combat reste indécis jusqu'à l'arrivée de la 2e brigade bavaroise, vers 11 heures 1/2. Cette brigade débouche avec cinq de ses bataillons qu'elle lance sur notre gauche; elle est accueillie par un tel feu partant de la ferme de Morâle et de la route de Chartres, qu'elle est contrainte de reculer. Mais en ce moment une puissante diversion se faisait de ce côté. La 4e division de cavalerie et la brigade de cuirassiers se déployaient à Orgères, menaçant notre flanc gauche qui aurait dû être couvert par la brigade de cavalerie Michel. Mais celle-ci, après avoir poussé jusqu'à Guillonville, avait rétrogradé. Les batteries ennemies concentrent leur feu sur la ferme de Morâle qu'elles incendient, et qu'elles nous forcent d'abandonner. L'ennemi prend alors pied dans la ferme et sur la chaussée.

Du côté de Beauvilliers, la brigade Bourdillon avait continué à avancer. Elle s'était rapprochée tellement du château de Goury que les batteries ennemies trop exposées sont contraintes de prendre position en arrière. Néanmoins, un retour offensif des Bavarois la force à reculer, et l'ennemi forme ses lignes en face de Loigny. La division Jauréguiberry revient à la charge. Après un feu violent de mousqueterie, qui inflige des pertes sensibles aux Bavarois, et contraint même trois bataillons à rétrograder, la brigade Bourdillon se lance de nouveau à l'attaque; mais, accablée par les feux rapides qui l'accueillent de front; elle est en proie en outre au feu de la 17e division qui apparait sur son flanc droit. Elle rétrograde donc.

Arrivée de la 17e division prussienne.

La 17e division s'était mise en marche de Bazoches sur Lumeau. Vers 10 heures, au bruit de la canonnade, elle envoyait deux batteries à cheval sur Goury et son avant-garde se hâtait d'atteindre Lumeau avant les tirailleurs de la division Maurandy qui s'y dirigeaient en ce moment. Les premières troupes arrivées garnissent la lisière et leur feu fait rétrograder la tête de la division. Notre artillerie, postée dans les environs de Domainville, engage alors avec l'ennemi une active canonnade que l'on fait suivre d'une attaque. Cette fois-ci, nos lignes arrivent presque au pied des maisons; mais elles sont contraintes de reculer sous les feux de mitrailles et de mousqueterie qui les accueillent. La 22e division, qui sur ces entrefaites a atteint Baigneux, envoie la 44e brigade et six batteries prendre part au combat. Nos lignes sont rejetées en désordre sur Domainville, abandonnant une de nos batteries à l'ennemi. Les Allemands les poursuivent sans relâche, et elles évacuent Domainville pour se retirer définitivement sur leur point de départ, les Échelles et Terminiers.

L'ennemi s'empare de Loigny.

Dès que l'ennemi avait vu le combat prendre de ce côté une tournure favorable, il avait emprunté la 33e brigade à la 17e division et l'avait dirigée sur Goury. Quatre bataillons, appuyés de huit batteries en échelons à l'est de Lumeau, prennent en flanc la brigade Bourdillon qui montait à l'assaut du château de Goury. Devant cette attaque, elle est contrainte de reculer sur Loigny. Elle tente de prendre pied dans les gravières autour du village; mais elle en est délogée par une charge à la baïonnette. L'ennemi pénétre dans Loigny, mais la défense y est acharnée ; à la fin les Allemands l'enveloppent de tous côtés ; la brigade alors bat en retraite sur Villepion; mais une petite troupe retranchée dans le cimetière s'y défend avec obstination.

Huit batteries allemandes avaient suivi l'infanterie jusqu'à 800 mètres de Loigny sans pouvoir prendre part à l'action. Le combat se trouvant rétabli de ce côté, toute l'artillerie déployée entre Villeprévost et le château de Goury et deux batteries à cheval s'ébranlent sur Loigny. La brigade Deplanque qui forme notre gauche est foudroyée par plus de 80 bouches à feu. Sa position devient hasardée, et, sur la requête du général Chanzy, une brigade du 17e corps arrivée vers midi de Patay avec l'artillerie de ce corps, est dirigée sur Faverolles pour appuyer la brigade Deplanque.

Les Allemands sont repoussés à l'attaque de Villepion. — Charge des zouaves pontificaux.

Pendant ce temps, la 1re division bavaroise s'était ravitaillée et le général von der Tann la lançait contre Villepion. Mais elle était accueillie par un tel feu de mousqueterie et de mitrailleuses que son mouvement était bientôt arrêté. Le feu des batteries du 17e corps forçait de même la cavalerie ennemie, qui était sur notre flanc gauche, à se retirer. A ce moment le général de Sonis se persuade que le moment est venu de reprendre Loigny, de reporter le 16e corps en avant. Il se met à la tête des zouaves pontificaux, leur adjoint quelques troupes encore valides et se précipite tête baissée dans Loigny. Les Allemands sont contraints de reculer, nous traversons le village; mais l'ennemi a encore deux bataillons en réserve. Ceux-ci se portent en avant et nous contraignent de reculer. Le général de Sonis, le colonel de Charette restent sur le champ de bataille. Tout le monde fuit en désordre. Les Allemands reprennent le village et cette fois s'emparent du cimetière. A ce moment, la nuit venue termine le combat.

Mouvements du 15e corps.

Pendant que le 16e corps combattait si énergiquement, le 15e corps exécutait à sa droite le mouvement prescrit. Ses colonnes étaient bientôt signalées à la 22e division en marche sur Baigneux puis sur Lumeau. Celle-ci craignant pour la route d'Orléans, défendue par la cavalerie seule, dirigeait de ce côté la 43e brigade qu'elle faisait suivre par la 44e dès qu'elle était ralliée. Pendant ce temps, la 3e division du 15e corps avait replié les escadrons prussiens sur Poupry, et y avait même engagé les tirailleurs. La 43e brigade arrive en même temps au pas de course et les rencontre au milieu du village ; après un cours engagement, nos tirailleurs sont refoulés et l'action s'engage très vive dans le bois et autour de Poupry. Six bataillons prennent position au sud du village et couvrent de feu la division Peytavin. Le général d'Aurelles fait entrer en ligne sa 2e division. Elle déploie son infanterie et son artillerie de chaque côté d'Autroches et entretient un feu incessant tandis que d'autres troupes tentent de tourner la gauche allemande. L'ennemi oppose à ce mouvement la 44e brigade, qui va renforcer les lignes dans le bois et dans Poupry. A l'arrivée de ce renfort il tache de déboucher de Poupry, mais c'est en vain ; il y est rejeté avec des pertes considérables. Si le village eût été attaqué à cet instant, il est probable qu'on l'eût emporté, mais aucune attaque ne se produisit.

Dans le bois au nord de Poupry la lutte était très vive entre le bois même et les bouquets situés à l'est. Plusieurs fois nos troupes parvenaient à s'approcher de la lisière, mais elles étaient chaque fois repoussées par la mitraille et la mousqueterie.

L'aile droite des Allemands avait aussi à se défendre contre l'attaque de quatre bataillons qui, partis de la Villeneuve et d'Autroches, se dirigent sur Morâle.

Sept compagnies allemandes conduites par un régiment de hussards, parviennent à leur tenir tête. Le combat reste stationnaire pendant un temps assez long que l'artillerie française emploie à couvrir de projectiles les positions allemandes. Puis, vers quatre heures, les tirailleurs se portent de nouveau en avant. Ils n'ont aucun succès à notre gauche ni au centre. Mais il n'en est pas de même à notre droite, au bois de Poupry. Là nos tirailleurs gagnent l'extrémité nord-ouest mal défendue, gagnent sous le bois et prennent en flanc et à dos les défenseurs de la lisière est. Ceux-ci s'enfuient, rétrogradent d'abord sur Poupry, tentent sans succès un retour offensif et finissent par reculer jusqu'au chemin de Baigneaux. Mais l'ennemi amène de nouvelles réserves qui se précipitent de nouveau dans le bois avec les défenseurs ralliés. Il parvient à s'en rendre maître, mais ses efforts pour en déboucher échouent devant la mousqueterie des petits bouquets de bois situés à l'est de la lisière. La nuit vient mettre fin au combat.

Les Allemands couchaient sur leurs positions. La 1re division du 16e corps occupait Villepion, Faverolles et Terminiers, la 2e Gommiers, la 3e Huêtre, le 17e corps Patay et Terminiers. Le 15e corps rétrogradait sur Artenay. Les Allemands avaient perdu plus de 4000 hommes. Nous en avions perdu autant, plus huit canons, une mitrailleuse, un drapeau et 2500 prisonniers.

Ainsi, à quelques jours de distance, des fractions de l'armée de la Loire avaient combattu, l'une contre la IIe armée, l'autre contre le grand-duc; ni l'une ni l'autre n'avaient eu à lutter contre les deux réunis; ni l'une ni l'autre n'étaient parvenues à les séparer et à les accabler successivement. On avait toujours attaqué l'ennemi sur ses ailes, ce qui aidait nécessairement à sa concentration. Étendu sur une ligne immense, disproportionnée à son effectif, il fallait tâcher de le couper quelque part et y concentrer non pas une partie de ses forces, mais toutes. La supériorité du nombre eût été alors si considérable qu'elle fût peut-être parvenue à dominer la supériorité d'instruction.

Bataille d'Orléans 3 et 4 décembre.

Le prince Fréderic-Charles, ayant appris le mouvement des 17e et 22e divisions sur leur droite, avait ordonné au IXe corps d'aller occuper la route de Paris. Dans le milieu de la journée il recevait l'ordre de tenter une action décisive sur Orléans. Il concentrait donc dans la journée le IIIe corps à Pithiviers, le Xe à Beaune-la-Rolande et arrêtait dans la soirée ses dispositions pour le lendemain. Le IXe corps devait attaquer Artenay à 9 heures 1/2 du matin ; le IIIe corps devait se rendre à Loury, le Xe à Villereau et Chilleurs; la 22e division appuyer l'attaque du IXe corps ; la 17e division rester dans ses positions ; le 1er corps bavarois venir à Lumeau.

Du côté des Français, le 15e corps devait ramener la 3e division sur Gidy, la 2e rester près d'Artenay avec la réserve d'artillerie, la 1re garnir la lisière nord de la forêt d'Orléans, entre Chevilly et Saint-Lyé. Le général Chanzy était invité à faire avec les 16e et 17e corps un mouvement offensif contre l'aile droite des Allemands.

La lisière de la forêt d'Orléans est marquée par les villages de Chevilly sur la route de Paris et par ceux de Saint-Lyé, Neuville-aux-Bois, Chilleurs-aux-Bois à l'est du premier. La route de Pithiviers à Orléans passe par Chilleurs, s'engage ensuite dans la forêt et arrive à Loury après avoir traversé les bois. D'après les ordres donnés, la 1re division du 15e corps devait abandonner Chilleurs et se porter sur sa gauche à Chevilly et Saint-Dié. Elle se trouverait alors réunie à la 3e à Gidy et précédée de la 2e qui avait l'ordre de rester à Artenay. L'ennemi, de son côté, avait prescrit au IIIe corps, appuyé par le Xe, de pénétrer dans la forêt par Chilleurs et Loury, et au IXe corps appuyé par le grand-duc d'attaquer Artenay.

Combat contre le IIIe corps à Chilleurs.

Dès le matin, la 1re division du 15e corps, obligée, comme nous l'avons dit, par les travaux faits dans la forêt, de rétrograder d'abord sur Orléans pour revenir ensuite prendre à gauche de sa position le nouveau poste qui lui était assigné, se mettait en devoir de retourner sur Loury. Son mouvement était bientôt interrompu par l'arrivée du IIIe corps en marche sur Chilleurs. La division déploie aussitôt à Santeau huit bataillons et six batteries. Les Allemands déploient d'abord leur artillerie divisionnaire. Un combat d'artillerie s'engage. Dès les premiers coups, une batterie allemande est forcée de se replier ; l'ennemi amène alors son artillerie de corps et 78 pièces répondent au feu de nos six batteries. Les Français replient successivement leur artillerie puis leur infanterie sur Chilleurs ; les Allemands les suivent des deux côtés de la route. Arrivés à 1500 mètres de Chilleurs, ils se remettent en position et les Français évacuent également le village en opposant des arrière-gardes qui disputent les fermes, et finissent par entrer dans le bois.

A 3 heures les Allemands pénètrent dans le bois. La 6e division suit la grande route, à sa gauche la 5e prend une avenue qui traverse la forêt. La route est souvent obstruée par des obstacles. Aussi n'est-ce que vers 6 heures que l'on arrive en vue de Loury. On entend alors une fusillade nourrie du côté de Neuville-aux-bois. D'autre part, on reçoit avis que les Français ont occupé Nancray à l'est. Le IIIe corps s'installe donc en se gardant au sud, à l'est et à l'ouest.

Combat contre le IXe corps à Neuville-aux-Bois et à Artenay.

A la droite du IIIe corps, le IXe s'était réuni le matin auprès de Château-Gaillard et s'était mis en marche sur Artenay. Il avait envoyé un fort détachement de toutes armes sur Saint-Lyé; bien avant d'y arriver, ce détachement était arrêté à hauteur de Neuville-aux-Bois par les troupes du 15e corps. Les Allemands se déployaient à hauteur de la ferme de la Tour et avaient beaucoup de peine à se défendre contre une attaque sur leur aile gauche. Les Français rétrogradent néanmoins sur Saint-Germain en repoussant victorieusement toutes les attaques des Allemands. Ceux-ci se retiraient donc vers 5 heures à la nuit close. Une neige fine et épaisse couvrait le sol.

L'autre partie du IXe corps s'était dirigée sur Artenay. On reconnaissait bientôt qu'Artenay et Assas au nord d'Artenay près de la grande route étaient fortement occupés. Le général de Manstein formait donc deux colonnes d'attaque. Celle de droite (pour les

Allemands) marchait par Dambron, celle de gauche par la grande route. La colonne de droite gagne Dambron sans obstacle et y organise la défense. L'autre colonne est accueillie par une vigoureuse canonnade partie d'Assas. Les batteries du IXe corps se déploient alors; et il s'engage un combat d'artillerie à la suite duquel les Français évacuent Assas. Le général Martineau place ses batteries au nord-ouest d'Artenay. L'artillerie du IXe corps tout entière, puis celle du grand-duc de Mecklembourg s'unissent contre elles et grâce à leurs 90 bouches à feu acquièrent bientôt une supériorité marquée. Le général Martineau abandonne Artenay et replie sa première brigade sur la Croix-Briquet et la 2e sur Arblay. L'ennemi occupe immédiatement Artenay où il fait un certain nombre de prisonniers. Il enlève en même temps Autroches à l'ouest de la grande route.

Pendant ce temps, la 22e division ayant repoussé une reconnaissance, qui était venue jusqu'à Baigneaux, était arrivée vers 10 heures à Poupry, d'où elle avait envoyé ses batteries prendre part au combat d'Artenay.

Retraite de la division Martineau. — Défense de Chevilly.

La retraite de la division Martineau s'opérait cependant en bon ordre sur la route. Le prince Fréderic Charles, à cette vue, prescrivait au grand-duc de faire marcher la 22e division sur Chevilly et de réunir à Autroches la 2e et la 6e division de cavalerie. L'artillerie française prend successivement position au moulin d'Auvilliers et à la ferme d'Arblay, puis en arrière autour d'Andeglon où se trouve une batterie de pièces de marine. Dans chacune de ces positions elle tient bravement tête à l'artillerie allemande. Celle-ci met le feu à la ferme d'Arblay, puis à Andeglon et à Chevilly. La journée n'est qu'un long combat d'artillerie contre artillerie, séparé par des engagements d'infanterie chaque fois que nos batteries reculent. Les Allemands n'ont pas moins de 96 pièces en ligne. Vers la fin de ce long duel d'artillerie, les brigades de la 18e division se lancent à l'attaque de Chevilly; mais elles sont arrêtées par un ordre du commandant en chef, qui craint d'attaquer pendant la nuit avec des forces insuffisantes un village retranché.

Combat de la division Barry du 16e corps à Donzy.

A l'aile droite des Allemands, la 17e division s'était réunie à Annaux et le 1er corps bavarois à Lumeau. Ces troupes réunies marchaient à 11 heures sur Sougy, la 2e division bavaroise formant réserve. Vers 2 heures, la 17e division commençait à canonner les troupes françaises en retraite de la Croix Briquet sur Chevilly quand on signalait de nouveaux corps français du côté d'Huêtre. C'était la division Barry du 16e corps que le général Chanzy envoyait pour prendre part au combat. Le 16e corps devait ce jour-là s'établir entre Saint-Péravy et Boulay, et le 17e à sa gauche. Au bruit de la canonnade, le général Chanzy dirigeait vers le nord la division Barry qui se déployait entre Trogny et Donzy. Cinq bataillons et cinq batteries lui font face immédiatement. L'artillerie française est bientôt réduite au silence et l'ennemi s'empare de Donzy et de Trogny après une lutte courte mais meurtrière. On bat en retraite sur Huêtre que l'on parvient à défendre jusqu'à la nuit, grâce à quelques ouvrages situés au nord du village. Néanmoins, la nuit venue, nous abandonnons la position.

A l'extrême gauche allemande le Xe corps avait atteint Chilleurs dans les environs duquel il cantonnait la 19e division. La 20e continuait sur Villereau et Neuville-aux-Bois. Pensant que ce dernier village ne serait occupé que par des arrière-gardes, elle essayait de l'attaquer; mais tous ses efforts étaient infructueux. Néanmoins, la nuit venue, les troupes qui occupaient cette position recevaient du général d'Aurelles l'ordre de se replier sur Orléans, ordre justifié par la crainte de les voir coupées de la ville. Cet ordre s'exécutait dans la nuit au prix de grandes peines.

Journée du 4 décembre.
— Les Allemands entrent à Orléans pour la deuxième fois.

Pour le lendemain 4 décembre, le prince Frédéric Charles ordonnait un mouvement convergent du grand-duc et du IXe corps sur Gidy et Cercottes, c'est-à-dire sur la route d'Orléans. La 6e division devait appuyer le IXe corps. Le restant du IIIe corps devait marcher de Loury sur Orléans. Le Xe devait venir à Chevilly pour former la réserve de l'armée.

De son côté, le général d'Aurelles avait reconnu que toute résistance était impossible. La 2e division était complètement débandée; la 1re avait abandonné la forêt. Les batailles de Beaune-la-Rolande et de Loigny-Poupry avaient désorganisé et surtout découragé les autres corps. Il ordonnait donc de traverser la Loire à Gien pour l'aile droite, à Orléans pour le 15e corps, à Beaugency pour l'aile gauche. Il rendait compte de ses mesures au Gouvernement qui répondait par l'ordre impératif de défendre Orléans ; mais il n'en persistait pas moins dans ses dispositions. Le Gouvernement envoyait directement au 20e corps l'ordre d'arriver au secours d'Orléans par la rive droite.

La journée du 4 décembre fut pour nous un triste jour. Les colonnes allemandes s'avancèrent concentriquement sur Orléans ; le IIIe corps, venant par la route de Loury, ne rencontra que les restes des troupes qui s'étaient repliées dans la nuit, et eut à subir un engagement avec les têtes de colonne du 20e corps qui essayait de descendre la Loire pour venir au secours d'Orléans. A la tombée de la nuit il était à l'entrée des faubourgs est d'Orléans. Sur la grande route de Paris, le IXe corps a à combattre à Cercottes. Nos troupes reculent toujours dans un désordre extrême. Seules les arrière-gardes se défendent ; mais elles se fondent elles-mêmes peu à peu. Vainement l'artillerie se prodigue, et oppose la résistance la plus acharnée, il faut toujours céder le terrain. Vers le soir on arrive à la gare des Aubrays. Là la résistance devient plus vive et dure jusqu'à la nuit. L'ennemi s'en empare à la faveur des premières ombres. Néanmoins il ne peut en sortir ; nos tirailleurs se maintiennent dans les tranchées et les barricades situées au sud de la gare.

A l'ouest d'Orléans les troupes du Grand-Duc s'emparaient presque sans combat des positions de Gidy. Celle de Boulay n'est pas mieux défendue. Aux environs d'Ormes il y avait un engagement de cavalerie où les Prussiens avaient le dessus, grâce à une attaque de flanc habilement exécutée. Vainement le général Chanzy cherchait à porter secours au 15e corps ; il y renonçait à la vue de la cavalerie ennemie inondant la campagne. Enfin un dernier engagement à la droite amenait les troupes allemandes contre le faubourg ouest d'Orléans.

Dans ces circonstances le général d'Aurelles concluait avec le général de Tresckow une convention par laquelle les Allemands devaient prendre possession de la ville deux heures après la signature de la convention, c'est-à-dire à minuit. Les Allemands, qui ne voulaient pas tenter de combat de nuit dans une ville dont la défense était facile, accédaient volontiers à une convention qui leur faisait des conditions plus avantageuses que le combat; et à minuit et demi, le Grand-Duc faisait son entrée dans la ville.

Pendant ces deux journées de lutte nous avions perdu 20,000 hommes dont 18,000 prisonniers. Ce chiffre prouve combien était grand le découragement. C'est ainsi que se terminait cette série de combats où, après avoir fait battre d'abord notre aile droite, puis notre aile gauche, nous finissions par faire battre notre centre, juste résultat d'efforts isolés, dirigés contre un ennemi que nous ne pouvions avoir la certitude de vaincre, même en mettant de notre côté toutes les chances favorables.

Mais malgré ses défaites, malgré sa désorganisation, malgré le découragement, la lutte n'était pas finie; et nous allons voir le général Chanzy la reprendre quatre jours après avec une énergie croissant avec nos malheurs.

CHAPITRE XI.

DU 15 NOVEMBRE AU 5 DÉCEMBRE DEVANT PARIS — BATAILLE DE CHAMPIGNY.

Nouvelle organisation des armées prussiennes.

Dans Paris, le général Trochu avait procédé à une réorganisation de ses forces, et les avait divisées en trois armées. La 1re armée, commandée par le général Clément Thomas, comprenait 266 bataillons de garde nationale, une légion d'artillerie, une légion de cavalerie et comptait environ 130,000 hommes. Elle était destinée à garder l'enceinte et à maintenir l'ordre. Les hommes les plus valides étaient réunis en compagnies et bataillons de marche. La 2e armée, commandée par le général Ducrot, était destinée à exécuter des sorties. Elle était divisée en trois corps à trois divisions (sauf le dernier); elle avait en outre une division de cavalerie et une réserve générale d'artillerie. Elle comptait 100,000 hommes et 300 bouches à feu. La 3e armée, sous les ordres du général Vinoy, comptait 70,000 hommes formant une division de cavalerie et 6 divisions de gardes mobiles. Elle était chargée des démonstrations et des fausses attaques. Outre ces forces, on avait 80,000 gardes mobiles dans les forts et 35,000 hommes dans les ouvrages de Saint-Denis.

Le général Ducrot avait résolu de faire une sortie dans la direction du sud pour marcher au devant de l'armée de la Loire. La nouvelle de l'affaire de Coulmiers avait donné à supposer d'abord que cette armée s'avancerait et ensuite que des corps seraient détachés des lignes d'investissement au sud de Paris pour aller à sa rencontre. Les reconnaissances ayant montré que les Allemands avaient considérablement fortifié la ligne Thiais-Chevilly, on se décidait à exécuter la sortie entre Seine-et-Marne. Il est clair qu'une sortie dans cette presqu'île présentait des chances de succès, car les troupes voisines du point attaqué étaient obligées pour venir à son secours, de franchir soit la Seine, soit la Marne, fort en arrière, et leur intervention pouvait être tardive. Il est vrai qu'elles pourraient intervenir de l'autre rive du fleuve au moins par leur artillerie. Mais la configuration du terrain ne le permettait guère, et on pouvait l'empêcher totalement au moyen d'attaques latérales exécutées par la 3e armée. Mais il n'aurait pas fallu éveiller l'attention de l'ennemi sur ce côté. Or, la bataille de Beaune-la-Rolande avait déjà fait songer à une sortie favorable de l'armée de Paris dans la direction du sud; l'activité inaccoutumée déployée sur le front est fixait bientôt les incertitudes de l'ennemi, l'unanimité des renseignements fournis par les journaux, par les espions et par les déserteurs ne faisait que le confirmer dans ses prévisions. Le 25 novembre était le jour fixé pour l'attaque.

La 2e armée concentrée était sur le point de passer la Marne quand un accident arrivé dans la construction des ponts faisait remettre l'opération au lendemain 30. Mais les corps qui devaient exécuter de fausses démonstrations ne recevaient pas tous contre-ordre à temps, si bien que les uns agissaient le 29, et d'autres le 30.

Démonstrations sur Chevilly et la Malmaison.

Le 29, à la pointe du jour, le général Vinoy attaquait les villages de l'Hay et de Choisy-le-Roi. La place avait entretenu toute la nuit dans cette direction un feu d'artillerie qui avait signalé le point d'attaque, si bien qu'avant l'aube la 12e division avait occupé la ligne de combat. Deux bataillons occupaient l'Hay, deux autres Chevilly, deux autres étaient en réserve près d'Ory. Le restant de la division se rassemblait à Fresnes et Rungis. Nos tirailleurs parviennent, à la faveur de la nuit, à se glisser dans l'Hay; les Allemands essayent de le reprendre et une lutte s'engage dans le village, à la suite de laquelle nos tirailleurs repoussés s'embusquent dans les vignes. Après quelques instants de fusillade ils dirigent contre le parc et le cimetière une attaque qui est repoussée par les feux rapides. Il est à remarquer que le village n'était attaqué que sur une seule face; or, nous avons déjà vu qu'il est sinon indispensable, du moins très utile, de commencer par s'avancer sur les deux flancs d'un village pour parvenir ensuite à l'enlever au moyen d'une attaque concentrique. A la suite de cette attaque les troupes se repliaient et le feu cessait vers 10 heures du matin.

A Choisy-le-Roi, l'amiral Pothuau avait surpris la Gare-aux-Bœufs et enlevé la grand'garde qui l'occupait. Il s'occupait de s'y installer et l'ennemi se préparait à l'attaquer, quand le général Vinoy, informé du retard apporté à la sortie du général Ducrot, ordonnait de rentrer dans les lignes.

Le même jour une attaque brusquée était dirigée contre Garches et la Malmaison. Les avant-postes prussiens étaient vivement culbutés; mais on ne parvenait pas à entamer la ligne de défense; et la sortie rentrait vers midi au fort Valérien.

30 novembre et 2 décembre.
Démonstrations sur Montmesly et Epinay.

Le lendemain, 30 novembre, nous faisions deux démonstrations, une sur Montmesly au sud et l'autre sur Épinay au nord. Du côté de Montmesly l'ennemi était sur ses gardes. Les Wurtembergeois avaient garni de troupes Bonneuil, la ferme de l'Hôpital, Mesly et Montmesly. A 9 heures l'artillerie française suspendait son feu et deux colonnes s'avançaient l'une contre Bonneuil, l'autre contre Mesly. Ce dernier village est évacué par le petit détachement qui s'y trouvait; mais l'ennemi se défend plus obstinément dans Montmesly, et ne l'évacue qu'au moment où nos tirailleurs en gravissent les pentes. Nos compagnies se portent en avant, mais elles sont bientôt arrêtées par le feu de trois batteries postées auprès de Valenton. Néanmoins notre aile droite avance et la position de l'ennemi, à demi enveloppé dans Bonneuil, devient critique. Il tente alors avec quatre compagnies une attaque sur Montmesly; mais il est repoussé jusque sur Bréannes; un retour offensif fait sur ce point échoue de même et notre infanterie s'empare de la lisière nord du parc. L'ennemi oppose de nouvelles réserves et nous ne pouvons aller au delà; mais nous le maintenons devant nous jusque vers midi, où arrive l'ordre de battre en retraite. Elle se fait en bon ordre et en résistant pied à pied, malgré l'irruption de quatre pelotons de cavalerie wurtembergeoise qui sabrent quelques tirailleurs. A 1 heure et 1/2 l'artillerie du fort met fin à la poursuite.

L'attaque ainsi faite par la brigade Susbielle était ignorée du général Vinoy et elle prenait fin lorsque celui-ci débouchait contre Choisy-le-Roi, Thiais et la Gare-aux-Bœufs. Le combat sur ces points durait sans grande activité jusqu'au soir. D'autres engagements sans importance avaient lieu près de la Malmaison, la Bergerie et Montretout.

Combat à Epinay.

Vers le nord, une brigade d'infanterie et une division de cavalerie s'étaient placées en observation devant la garde prussienne. Vers midi on canonnait violemment Épinay et à 2 heures la brigade Hanrion s'avançait sur le village. Pendant que nos tirailleurs attaquent du côté de l'est, deux compagnies de marins se glissent dans le chemin de halage et entrent par le côté sud sans trouver de résistance. Les Prussiens, pris à revers, évacuent de suite le village; mais se maintiennent encore derrière un fossé et quelques habitations isolées placées au nord du village. Bientôt les ouvrages placés de ce côté sont à leur tour pris à dos et les Prussiens forcés de les évacuer. Leurs retours offensifs n'ont aucun succès et vers deux heures le village est entre nos mains. Alors l'ennemi amène sept batteries qui foudroient le village; quand l'artillerie a agi quelque temps, il l'attaque sur trois faces au moyen de sept compagnies aux cris de hurrah; une lutte sanglante s'engage dans l'intérieur du village et se propage de maison en maison. Cependant, vers 4 heures, nous sommes obligés d'évacuer le terrain, après avoir perdu près de 300 hommes. Les Allemands avaient fait une perte égale.

Description du champ de bataille de Champigny.

Pendant que ces diversions se faisaient de part et d'autre, la lutte principale s'était engagée entre Seine-et-Marne. Cette dernière, en arrivant sur Paris, contourne un plateau élevé sur lequel se trouvent les villages de Noisy-le-Grand, Villiers, Cœuilly et Chennevières qui forment une ligne droite allant du nord au sud. C'était là la ligne de défense des Allemands. Autour du plateau coule la rivière dessinant une S. La concavité supérieure de l'S contient Bry, Joinville-le-Pont au fond de la courbure et Champigny au point où la courbure change de sens. Cette boucle de l'S est dominée par le plateau dont nous parlons. La concavité de la partie inférieure de l'S forme la presqu'île de Saint-Maur. La crête du plateau Villiers, Cœuilly, Chennevières, vient toucher presque la concavité de cette boucle. Chennevières est sur la crête même dominant toute la presqu'île. Le projet du général Ducrot était de déboucher dans la boucle supérieure par Joinville-le-Pont sous la protection des batteries établies dans la presqu'île de Saint-Maur et d'attaquer le plateau.

A 6 heures 1/2 le 1er et le 2e corps franchissent la Marne sur sept ponts. Le 3e corps devait déboucher plus au nord en face de Noisy-le-Grand. A 8 heures 1/2 les deux corps étaient tout entiers sur la rive gauche. A droite, entre la rivière et la route de Champigny, se place la division Faron, à gauche les divisions de Malroy et de Maussion ; la division Berthaut s'était formée plus en arrière. Les divisions de Maud'huy et Susbielle étaient absentes; la première était affectée à la 2e armée; l'autre opérait sur la rive gauche de la Seine. Les deux corps comptaient néanmoins chacune deux divisions, ce qui faisait environ 48 à 50,000 hommes à débarquer sur ce terrain. Or, la boucle formée par la Marne n'ayant pas plus de 2 kilomètres d'ouverture, la densité du front devait forcément arriver au chiffre énorme de 24 hommes par mètre courant. Il était à craindre que ces masses, dominées par le plateau qu'il fallait attaquer, ne fissent des pertes considérables, malgré les abris que pouvait lui fournir le terrain. De plus une densité si exagérée devait amener l'encombrement. Les succès que le nombre amènerait à la première heure seraient peut-être suivis de revers irréparables.

En face des troupes françaises l'ennemi avait un régiment saxon occupant Champigny, Bry et Noisy. Derrière Noisy la 48e brigade et à Villiers, Cœuilly et Chennevières deux brigades wurtembergeoises.

Attaque de Villiers et de Champigny.

La réserve d'artillerie n'avait pas encore passé les ponts que le général Ducrot donne le signal du combat. Les quatre divisions se portent en avant et à peu près de front. La division de Maussion se dirige sur Villiers et escalade les pentes du plateau. La division Berthaut suit le pli de terrain qui sépare Villiers de Cœuilly au fond duquel coule le ruisseau de la Lande; la division de Malroy est à sa droite. Plus à droite la division Faron marche sur Champigny. Une batterie wurtembergeoise, placée sur la crête du plateau, lui fait éprouver de grandes pertes. On lui oppose deux batteries qui, tirant de bas en haut, n'ont aucun succès. Néanmoins la division avance toujours, s'empare de Champigny, s'organise pour la défense et débouche sur le plateau.

Vers 10 heures la division de Maussion attaque le parc de Villiers ; elle est refoulée par un feu intense qui la rejette dans les vignes. Mais, quand les Allemands tentent des retours offensifs, ils sont à leur tour ramenés avec de très grandes pertes. Le général Ducrot voulait d'abord entretenir le combat devant Villiers jusqu'à ce que le 3e corps, ayant franchi la Marne, attaquât Noisy. Mais, ayant appris qu'à 11 heures le passage n'était pas encore commencé, il se décidait à agir sans l'attendre.

Pendant ce temps une partie de la 48e brigade prussienne venait renforcer les défenseurs de Villiers, tandis qu'une autre partie, lancée de Noisy-le-Grand, prenait en flanc la division de Maussion. Le mouvement vigoureusement exécuté fait reculer la division jusqu'à la lisière du plateau. On la renforce alors par la réserve d'artillerie du 2e corps ; en même temps l'artillerie du 3e, tirant de l'autre côté de la Marne, balaye le plateau et facilite considérablement la marche de la division de Maussion.

Pendant ce temps la division Berthaut, marchant des deux côtés du chemin de fer, avait repoussé les Wurtembergeois jusqu'à la station. Mais, arrivée là, elle est en proie à des feux de flanc partis de deux batteries placées sur la lisière sud du plateau de Villiers. Ces deux batteries causent dans ses rangs d'effroyables ravages ; et devant un retour offensif de l'ennemi la division rétrograde jusqu'aux carrières.

La division Faron avait eu assez de peine à rendre

praticables les rues de Champigny. Comme nous l'avons dit, elle avait débouché sur le plateau derrière le village et se trouvait séparée de Cœuilly, situé sur le plateau, par un pli assez profond qui en découpe les bords. Vers 10 heures 1/2, on descend dans ce ravin et l'on se met à gravir la pente opposée. Deux batteries ont réussi à traverser le village obstrué de charrois et débouchent à 11 heures sur le plateau. Mais, accueillies par un feu de mousqueterie et de mitraille, elles repartent après avoir tiré quelques coups. Pendant ce temps des tirailleurs se sont glissés le long de la Marne et sont arrivés à l'auberge de Mon Idée, où ils sont reçus par le feu des chasseurs wurtembergeois et par celui d'une batterie tirant de Cœuilly. Le mouvement en avant de la division Faron est alors arrêté. Les Wurtembergeois veulent profiter de cet instant pour reprendre le plateau de Champigny. Ils descendent à leur tour dans le ravin et commencent à gravir les pentes opposées quand la division Faron se reporte en avant. Les Allemands sont renversés, les Français les poursuivent hardiment, et pénètrent sur le plateau. Là, les Allemands poursuivis s'arrêtent dans le parc et laissent la liberté d'agir à deux batteries placées au nord de Cœuilly.

En ce moment on s'aperçoit que l'aile droite de la division qui était parvenue à l'auberge de Mon-Idée cède le terrain et retourne sur Champigny. Sept compagnies ennemies étaient parvenues à repousser les tirailleurs marchant sur ce point jusqu'à la Maison-Blanche, les sept compagnies tournent à droite et secondées par deux pièces qui sont venues se mettre sur la ligne des tirailleurs, elles prononcent une vigoureuse attaque sur le flanc droit de la division Faron déjà ébranlée. Celle-ci recule alors sur Champigny, ne laissant sur le plateau que quelques partis isolés qui entretiennent une fusillade sans effet.

Arrivée tardive du 3e corps.

Le général Ducrot, voyant que les opérations du 3e corps ne pouvaient se produire avec efficacité, se décide alors à remettre au lendemain la continuation de son mouvement. Mais, pour garder le terrain conquis, il déploie sur le plateau de Villiers une ligne de 18 batteries. Les Allemands épuisés s'abstiennent aussi de toute attaque, et le combat commence à s'éteindre quand il se rallume du côté du nord.

Le 3e corps s'était dirigé par la rive droite de la Marne sur Neuilly et Ville-Evrard, séparé des 1er et 2e corps par la rivière qui coulait à sa droite. Quatre batteries avaient ouvert leur feu sur Ville-Evrard, et vers 11 heures l'ennemi crut que l'attaque se dirigerait de ce côté. Les avant-postes se replièrent donc sur la ligne de défense établie près de Chelles et le prince Georges de Saxe y concentra la 47e brigade et la 23e division. Mais le 3e corps se bornant à occuper les positions abandonnées, le prince envoya vers 1 heure quatre batteries et quelques troupes sur la rive gauche pour prendre part au combat qui se livrait sur le plateau.

Pendant ce temps le 3e corps jetait ses ponts entre Bry et Neuilly. Ils étaient prêts vers midi, mais à ce moment le combat était depuis longtemps engagé sur la rive gauche et la division de Maussion avait attaqué le plateau de Villiers. Repoussée dans cette attaque, elle perdait du terrain, et bien que quelques troupes de la brigade Courty, cramponnées obstinément au terrain se maintinssent encore sur le plateau, l'aile gauche de la division se repliait sur Bry, serrée de près par les Saxons qui se rapprochaient du village.

A cette vue, le général de Bellemare hésitait à franchir les ponts, hésitation regrettable. Ce ne fut que vers deux heures, lorsqu'il vit l'artillerie française se déployer sur le plateau et le combat rétabli, qu'il se décida à passer sur la rive gauche. Ce mouvement prenait à revers l'aile droite des Saxons; loin d'en profiter, le général conduisait la division en arrière sur Bry pour donner la main à la division de Maussion. L'ennemi profitait à la hâte de ce répit inespéré pour rallier les troupes dans les tranchées au nord de Villiers et pour renforcer les troupes qui étaient à Noisy.

Nouvelle attaque sur Villiers.

Il était 3 heures 1/2 quand la division Bellemare, prenant le chemin creux qui monte de Briey sur le plateau de Villiers, prononce son attaque. Le 4e régiment de zouaves est reçu par un feu meurtrier qui met hors de combat tous les officiers et plus de la moitié des hommes. Le général Ducrot fait alors appuyer la division Bellemare par trois bataillons du 1er corps et ordonne un mouvement offensif aux divisions Berthaut et Faron. Les Français débouchent sur le plateau. L'artillerie tente en vain d'abattre le mur du parc de Villiers. L'infanterie se lance ensuite à l'assaut. Elle est reçue par un feu terrible. Vainement elle renouvelle ses attaques; elle est enfin contrainte de rétrograder dans la vallée, ne laissant qu'une arrière-garde sur le plateau. Pendant ce temps la division Berthaut était arrêtée par une contre-attaque, partie de la voie ferrée. La division Faron avait vu le nombre de ses adversaires augmenter par l'arrivée des troupes qui, ayant cessé de combattre à Montmesly contre la division Susbielle, venaient au secours des troupes placées de ce côté. L'attaque était donc repoussée sur toute la ligne.

A la nuit tombante, le feu s'éteignait peu à peu, et les deux armées passaient la nuit en face l'une de l'autre. Le lendemain l'état-major allemand s'attendait à la reprise du combat, mais le général Ducrot avait reconnu que la sortie était définitivement manquée ; néanmoins, craignant l'impression que produirait sur les Parisiens la rentrée immédiate de l'armée, il se maintenait sur ses positions. Dans l'après-midi il y avait suspension d'armes pour enlever les morts et les blessés. Les Allemands profitaient de la journée pour mettre en état leurs régions de défense. Trois brigades du IIe corps et une brigade du VIe venaient renforcer les troupes entre Seine-et-Marne. Dans la soirée, le commandant du XIIe corps recevait l'ordre d'attaquer Bry et Champigny. Mais la nuit venait accompagnée d'un froid extrême, et les deux armées couchaient une seconde fois sur le terrain.

Combat du 2 décembre.

Le 2 décembre, à la pointe du jour, toutes les lignes prussiennes se portent en avant. A notre gauche, les Saxons tombent impétueusement sur nos grand'gardes, pénètrent dans Bry et enlèvent même une baricade. La brigade Daudel, rassemblée à la hâte, se jette dans le village et engage un combat meurtrier dans les maisons. L'artillerie du Mont-Avron, celle des forts, des batteries postées sur la rive droite balayent les abords du village. Le plateau à l'est de Bry est aussi attaqué ; mais en quelques instants le feu de la brigade Courty rejette l'ennemi sur les pentes ; et le combat continue de pied ferme. Au centre l'ennemi attaque le bois de la Lande ; mais la brigade Paturel le ramène vivement dans le ravin sous Villiers. A notre droite les Wurtembergeois attaquent le village et le parc de Champigny. Ils enlèvent le parc et les premières maisons du village ; mais les réserves de la division Faron arrivent ; et là, comme à Bry, on se fusille de maison en maison.

Le général Ducrot s'était porté à Champigny et ordonnait de reprendre l'offensive. Les deux divisions de Bellemare et Susbielle recevaient l'ordre de revenir de la rive droite de la Marne pour concourir à l'action. L'artillerie se déployait au sud du ruisseau de la Lande et son feu préparait l'attaque. Mais les Allemands attaquent avec fureur, ils parviennent à s'emparer de nouveau, au prix d'une lutte corps à corps, du bois de la Lande dont ils viennent d'être chassés et arrivent jusqu'aux carrières ; ils en sont repoussés après un combat opiniâtre. Dans Champigny ils font des progrès et arrivent à l'église, qu'ils ne peuvent dépasser. L'ennemi amène alors la 3e division et l'artillerie du IIe corps sur le terrain. Cinq batteries foudroient Champigny du haut du plateau et l'infanterie qui l'attaque est renforcée. Les progrès de l'ennemi sont néanmoins très lents et achetés cher. A midi il n'était encore parvenu qu'au chemin qui relie Champigny à Bry.

Sur notre gauche la brigade Courty heureusement placée prenait en flanc toutes les troupes dirigées sur Bry et résistait à toutes les attaques tentées sur elle. Vers midi elle est renforcée par les réserves, le feu reprend avec une violence extraordinaire, en quelques instants le plateau est balayé, les Saxons enfermés dans Bry sont sur le point d'être coupés, et se replient à la hâte sur Noisy-le-Grand le long de la rivière, tandis que sur le plateau l'ennemi rétrograde sur Villiers. Il renforce alors son aile droite de six batteries.

Pendant ce temps les divisions Susbielle et de Bellemare avaient repassé la rivière et venaient relever les brigades Daudel et Courty et renforcer la division Berthaut. Cette dernière prenait position devant Villiers, et au moment où l'artillerie française se déployait en masse contre le village. Malheureusement la ligne de front était mal dirigée et son prolengement venait passer sur les positions occupées à notre droite par les Wurtembergeois sur le plateau à l'est de Champigny. Quatre batteries du IIe corps se portent rapidement au galop sur ce flanc et entament le feu à 1500 mètres de distance. Au bout de 10 minutes nos batteries sont forcées d'évacuer la position. Les quatre batteries prussiennes en font autant. Elles n'avaient pu faire leur mouvement sans exposer elles-mêmes leur flanc gauche ; et les feux partis des redoutes de la Faisanderie et de Saint-Maur leur infligeaient des pertes comparables à celles que nos batteries subissaient devant Villiers. Malgré cet échec on tentait vers trois heures, une attaque sur le village; mais sans aucun succès. La bataille se terminait par une canonnade qui durait jusqu'à la nuit close.

Retraite de l'armée le 4 décembre.— Réflexions.

Le général Ducrot avait dans la journée reçu avis de la marche en avant de l'armée de la Loire, et se décidait donc à se maintenir sur ses positions pour y livrer une bataille défensive. La nuit était occupée à se ravitailler en vivres, en munitions, à réorganiser les attelages. Les réserves se massaient en vue de la défense ; et les batteries prenaient position sur le plateau de Villiers. A la pointe du jour elles ouvraient le feu et de leur côté les Allemands prenaient leur poste de combat. Nos troupes néanmoins culbutaient en quelque point leurs grand'gardes. Mais nos attaques tant sur Champigny que sur le bois de la Lande et le village de Villiers n'obtenaient que des succès momentanés. Nos troupes étaient à bout de forces et l'ennemi était harassé, aussi il ne se produisait aucun autre engagement dans cette journée. Le général Ducrot donnait dans la soirée l'ordre de rentrer à Paris. Les convois repassaient la Marne et le lendemain l'armée protégée par un épais brouillard les suivait à son tour sans être poursuivie.

Nous avions perdu dans cette bataille de deux jours 9,700 hommes environ, et près de 12,000 en tenant compte des opérations secondaires. Les Allemands avaient perdu 5,200 hommes dont 4,987 à Villiers et Champigny. Nos morts étaient proportionnellement moins nombreux que les leurs, car ils ne dépassaient guère le cinquième du nombre d'hommes atteint, tandis que chez les Allemands il atteignait le 1/3. Les plus fortes pertes chez eux portaient sur les régiments qui avaient combattu dans Bry, dans Champigny, ou qui avaient subi les feux de flanc de la brigade Courty. Le 108e saxon avait perdu 669 hommes, le 107e 655, le 1er Wurtembergeois 597, le 7e 645, le 1er bataillon de chasseurs 182. Ces chiffres témoignent de l'énergie avec laquelle ces régiments avaient combattu, en même temps qu'ils donnent une idée des pertes qu'occasionnent soit l'attaque d'un village qui n'est pas entouré, soit des feux reçus dans le flanc des troupes.

Cette bataille montre à chaque instant l'efficacité des feux de flanc. Ainsi le 1er jour la division de Maussion, après avoir déterminé la retraite des troupes postées à Bry par sa marche sur leur flanc droit, est à son tour repoussée par une attaque sur son flanc gauche partie de Noisy-le-Sec. Les troupes qui l'ont ainsi attaquée sont elles-mêmes arrêtées par les feux de flanc partis des batteries sur la rive droite de la Marne. La division Berthaud est arrêtée dans sa marche le long du chemin de fer de Mulhouse par les batteries placées sur la lisière sud du plateau de Villiers. La division Faron cède ensuite le terrain qu'elle occupe à cause de l'attaque prononcée sur son flanc droit par sept compagnies wurtembergeoises. Le 3e jour, les Saxons sont ramenés de leur attaque sur Bry par les feux de flanc des batteries de la rive droite et par celui de la brigade Courty. L'artillerie française abandonne la position sur le plateau de Villiers à cause des feux de quatre batteries du IIe corps qui la prennent d'enfilade.

Habituellement, lorsqu'une partie de la ligne de bataille recule, les parties avancées se hâtent trop de prendre part à ce mouvement de retraite. Elles ne doivent jamais le faire avant de s'être assurées qu'une attaque sur le flanc des troupes ennemies ne les rejettera pas en arrière. En le faisant, si elles ne provoquent pas la retraite de l'ennemi, elles arrêteront sa marche. C'est le meilleur moyen pour elles de venir au secours de la ligne menacée et d'assurer en même temps leur propre retraite si elle devient nécessaire. C'est ainsi, avec raison, que la brigade Courty se maintint sur le plateau de Villiers, malgré la retraite de l'aile gauche. Son mouvement en arrière eût été un désastre pour tout le monde.

Sous le rapport des opérations générales, nous avons dit que le terrain entre Seine-et-Marne avait été judicieusement choisi pour une sortie. Les mêmes motifs militaient dans le siège de Metz pour une sortie entre la Seille et la Moselle. Dans des cas semblables, l'ennemi est obligé, pour venir au secours du front attaqué, de passer les rivières sur des points éloignés du théâtre de l'action, cela retarde l'arrivée des secours. Pendant le temps qu'ils mettent à arriver, l'armée de sortie peut à la faveur d'une attaque brusquée et d'une supériorité numérique momentanée arriver en vue des ponts et empêcher le passage.

On admet en général que, lorsqu'une armée de sortie tente de percer les lignes d'investissement, elle a d'une part l'avantage momentané du nombre, mais qu'elle est d'autre part dans une position enveloppée, exposée aux feux concentriques de la ligne d'investissement. La bataille de Villiers-Champigny montre que c'est pour les grandes places une théorie non justifiée. Car dans cette affaire l'armée du général Ducrot n'eut à subir aucun feu sur ses flancs.

Nous avons relevé déjà la densité exagérée donnée au front d'attaque ; sans doute on ne pouvait vaincre qu'au moyen d'une supériorité numérique considérable, mais il est des limites qu'on ne peut dépasser sans s'exposer à de grandes pertes.

L'ordre d'attaquer le 10 novembre fut donné avant que les troupes appelées à y concourir fussent prêtes. L'absence du 3e corps fut un malheur pour nous. Il est presque toujours mauvais d'attaquer avant que tous les moyens soient réunis pour triompher de l'obstacle ; car on ne sait jamais jusqu'où ira la résistance. C'est ainsi qu'à la journée du 18 août le IXe corps ayant commencé le combat avant que la garde et les Saxons eussent tourné notre aile droite, subit des pertes si considérables qu'il fut presque obligé de cesser le combat. Plus tard, quand les ponts furent prêts, le retard que la division de Bellemare mit à passer les ponts nous fut des plus préjudiciables ; et quand enfin elle eut franchi la rivière, sa marche pour se joindre à la division de Maussion permit à l'ennemi de retirer son aile droite, qui était perdue si la division eût attaqué vigoureusement. Elle eût dû faire la jonction en passant sur le corps des troupes qui les séparait. Il est très rare, et la bataille elle-même en donne des preuves à chaque instant, qu'une troupe ne cède pas à une attaque vigoureuse exécutée sur son flanc.

Quoi qu'il en soit, les deux efforts simultanés tentés sur les rives de la Seine et de la Loire avaient manqué leur but. Nos troupes sur les deux points s'étaient comportées mieux qu'on n'aurait pu l'espérer en considérant leur organisation hâtive et leur instruction à peu près nulle. Mais un fait commençait à se dégager, c'est qu'à mesure que les armées allemandes s'étendaient sur le territoire, la supériorité numérique qui était en leur faveur au début de la guerre passait de notre côté, et que le défaut d'instruction de nos soldats empêchait seul d'en tirer les résultats qu'il eût été légitime d'attendre de troupes organisées et exercées.

CHAPITRE XII.

OPÉRATIONS DE LA 1re ARMÉE AU NORD DE PARIS. — COMBAT DE VILLERS-BRETONNEUX. — PRISE D'AMIENS, DE LA FÈRE, THIONVILLE ET MONTMÉDY.

Marche de la 1re armée sur Amiens.

La Ire armée à son tour se mettait en marche pour couvrir au nord le siège de Paris. Le général de Manteuffel, qui la commandait, ne disposait en ce moment que du VIIIe corps, de la 3e brigade d'infanterie, de l'artillerie du Ier corps, et de la 3e division de cavalerie. Les autres troupes de cette armée étaient dispersées sur divers points ; le VIIe corps à Metz, Thionville et Montmédy ; la 1re division devant Mézières, où elle allait être remplacée par la 3e division de réserve. Enfin la 4e brigade était chargée de réduire la Fère.

Les corps disponibles se mirent en marche sur trois colonnes partant de Réthel Tagnon et Reims. La cavalerie formait la colonne du centre. En cinq jours le corps d'armée était rendu sur les bords de l'Oise après avoir franchi une distance moyenne de 80 kilomètres. Les derniers jours, la cavalerie prenait les devants et arrivait à Guisard. Le 8e corps s'arrêtait à Compiègne et la 3e brigade à Noyon. Les jours suivants étaient occupés à rallier l'armée. La 1re division d'infanterie, ayant quitté le camp devant Mézières, rejoignait du 23 au 27. Pendant ce temps la cavalerie battait le pays pour se procurer des renseignements.

Les forces françaises, réunies à Lille par le général

Bourbaki, avaient été partagées en trois brigades commandées par le général Lecointe et les colonels Derroja et Dufaure du Bessol. Chacune d'elles comprenait 1 bataillon de chasseurs à pied, 3 bataillons d'infanterie de ligne un régiment de gardes mobiles du Nord, et 2 batteries. La brigade du Bessol avait un bataillon de ligne en moins ; mais cette diminution était compensée par une augmentation de deux batteries. En résumé, les troupes comprenaient 20 bataillons et 48 bouches à feu. Formées de soldats ramassés de tous les points, sans cohésion entre eux, inconnus à leurs officiers, et de gardes sans aucune instruction, elles allaient lutter contre les troupes aguerries des Ier et VIIIe corps; à l'annonce de l'arrivée des Allemands elles avaient été réparties autour d'Amiens.

Marche sur Amiens.

Le général Manteuffel, apprenant que de nouvelles troupes arrivaient constamment de Lille, voulut immédiatement marcher sur Amiens avec ses troupes disponibles, afin de disperser ce noyau avant qu'il fût devenu trop résistant ; et sans attendre que son armée fut concentrée sur l'Oise, il ordonna la marche en avant.

Le 24, la 3e division de cavalerie établissait le contact au nord de la Luce. Elle était refoulée par des forces supérieures jusqu'au nord de Mézières d'abord, et malgré le secours d'une compagnie d'infanterie et d'une section d'artillerie, elle était obligée de rétrograder jusqu'au Quesnel où elle passait la journée du 25.

Le 25, les têtes de colonne du Ier corps atteignaient

Roye; celles du VIIIe dépassaient Montdidier et avaient un engagement près de Moreuil.

Le 26, le VIIIe corps venait prendre position entre Moreuil et Essertaux. Les troupes françaises étaient refoulées jusqu'à Saint-Nicolas, où se trouvaient établis des ouvrages de campagne. D'autres engagements avaient lieu vers Domart et Hangard.

Le Ier corps presque au complet ralliait ce même jour ses diverses unités. La 3e brigade d'infanterie et la cavalerie restaient en observation.

Des événements de ce jour le général Manteuffel concluait que les Français voulaient défendre Amiens. Il se décidait alors à employer la journée du 27 à se rapprocher de la position et à resserrer son front trop développé. Il ordonnait au Ier corps de venir avec le gros de ses forces jusqu'à la Luce ; à la 3e division de cavalerie d'éclairer au nord de cette rivière, au VIIIe corps de prendre position entre la Noye et la Celle en assurant son flanc gauche et de faire surveiller l'adversaire par son avant-garde entre Fouencamps et Hébecourt.

Combat de Villers-Bretonneux.

Le terrain sur lequel on opérait est un pays plat, à faibles ondulations, semé de villages et de bouquets de bois. La Somme le traverse de l'est à l'ouest. La Luce court parallèlement à la Somme au sud de cette rivière et va tomber dans l'Avre, avec lequel elle se jette dans la Somme après avoir reçu les eaux de la Noye. Elle parcourt les villages d'Hangard, Domart-sur-Luce, Bertaucourt. Au nord du cours d'eau se trouvent Villers-Bretonneux, Cachy, Gentelles, Saint-

Nicolas et Boves. Ces deux derniers sont sur l'Avre.

Les forces françaises étaient en ce moment sous le commandement du général Farre, chef d'état-major du général Bourbaki, ce dernier ayant reçu une autre mission. Elles avaient établi leur gauche à Villers-Bretonneux, défendu par des retranchements le long de la voie ferrée, le centre à Gentelles et la droite à Saint-Nicolas, également pourvu de retranchements.

Cette ligne, d'une étendue de 12 kilomètres et plus, était gardée à gauche par la 3e brigade renforcée de deux bataillons de la 1re; à droite par la 2e brigade. Cinq bataillons de la 1re brigade et deux batteries formaient la réserve. Enfin à l'extrême droite le général Paulze d'Yvoy gardait Dury avec 8000 gardes mobiles et deux batteries. En l'absence de tout accident de terrain qui pût l'appuyer, la ligne ainsi établie présentait une série de villages et de bois favorables à la défense, mais elle était très faiblement gardée et facile à tourner. La densité du front n'était guère que de 1 homme par mètre courant. Il y a loin de ce chiffre à celui de 7 1/2 que l'expérience des batailles précédentes a fait reconnaître comme nécessaire pour la défense. Heureusement l'armée ennemie marchait sur un front tout aussi développé, mais comme elle était plus nombreuse, sa densité de front était d'environ 2 hommes par mètre. De plus ses troupes aguerries, toujours victorieuses, étaient bien supérieures aux troupes françaises. Ces dispositions des deux partis ne pouvaient conduire qu'à des combats partiels, résultant de la poussée en avant de l'armée prussienne.

Le 27, au point du jour, l'avant-garde du Ier corps, précédée par la cavalerie, se portait au nord de la Luce, et les patrouilles rencontraient aussitôt les troupes françaises. Vers 10 heures, le brouillard qui couvrait la campagne se dissipait et le général de Pritzelwitz formait les troupes de l'avant-garde en trois colonnes. La colonne de gauche était composée de un bataillon et demi, un escadron, une batterie, celle du centre de quatre compagnies, un escadron, une batterie; celle de droite de trois bataillons, d'un demi-escadron et d'une batterie. Le front occupé était de 9 kilomètres. On retrouvait dans cette formation la tendance des officiers prussiens à renforcer les ailes chargées de déborder la défense et à affaiblir le centre de leur ligne.

La colonne de gauche se heurtait au bataillon de chasseurs de la brigade Lecointe établi à Gentelles. Au bout de peu de temps ce bataillon, canonné par la batterie qui accompagnait la colonne et tourné sur sa gauche par un bataillon, tandis que deux compagnies lui faisaient face, était obligé de reculer sur Cachy. L'ennemi occupait Gentelles et l'escadron allait éclairer la route d'Amiens.

La colonne du centre appuye sur Gentelles pour soutenir celle de gauche, et engage bientôt une fusillade avec les tirailleurs français placés dans Cachy qui tiennent tête obstinément aux deux colonnes réunies.

La colonne de droite suivait le chemin qui longe la crête allant de Démuin à Villers-Bretonneux. Sa tête était arrivée entre les bois du Hangard et de Morgemont, quand une violente fusillade partie des tranchées abris au sud de Villers la force à rétrograder et à se cacher dans les bois. Le 44e régiment, qui suivait la tête de colonne, se heurtait contre les retranchements élevés près du chemin de Marcelcave à Cachy, et près du chemin de fer. Aussitôt on prenait des dispositions pour l'attaque. Six compagnies étaient formées devant le front et deux attaquaient le flanc droit du retranchement. La batterie qui accompagnait la colonne répondait au feu des pièces françaises au sud de Villers. Peu à peu l'infanterie se rapprochait des retranchements par bonds successifs. Arrivée à 300 pas, après un feu rapide très nourri, elle donne l'assaut. Après une mêlée furieuse les retranchements sont emportés. Mais les défenseurs sont recueillis par des forces imposantes placées à Villers et se préparent à reprendre les positions perdues.

Il était plus de midi. Le général Manteuffel avait mis en ligne environ 5000 hommes et 18 pièces composant l'avant-garde du Ier corps. Les communications entre le Ier et le VIIIe corps opérant à gauche étaient interrompues. Pour y parer, le général appelait vers la hauteur de Thennes un bataillon du VIIIe corps qui était en marche sur Plessier et dispersait son escorte sur les routes de Roye et de Montdidier. Il envoyait au VIIIe corps l'ordre d'intervenir par la route de Fouencamps. D'autre part le général Bentheim amenait à la lutte le gros du Ier corps, qui venait à la suite de l'avant-garde.

Enlèvement de Villers-Bretonneux.

Dans l'après-midi les Français tentent de vigoureuses attaques sur le bois du Hangard et sur les retranchements perdus. A leur droite les Prussiens reculent, évacuent le bois et redescendent la pente opposée vers Démuin. Mais le gros du Ier corps arrive et 3 compagnies du régiment du prince Royal ralliant les Prussiens épuisés se portent en avant. Les Français sont contraints alors de rétrograder jusqu'à Villers-Bretonneux.

Les tentatives faites d'un autre côté avaient le même

succès. Deux batteries ennemies placées au saillant nord du bois de Morgemont abandonnent d'abord leur position. Mais, bientôt rejointes par trois batteries de l'artillerie de corps, elles reprennent la lutte et parviennent à reconquérir la position perdue, à partir de ce moment 50 bouches à feu concentrent leur feu sur Villers-Bretonneux.

Les grenadiers du prince Royal viennent pendant ce temps pour prendre part à la lutte, et vers le soir les ouvrages de défense aussi bien que le village sont emportés. Les défenseurs n'opposent qu'une faible résistance et à la faveur de l'obscurité se replient en désordre sur le pont de Corbie.

Défense de Gentelles et de Cachy.

Du côté de Gentelles et de Cachy, la fusillade avait continué depuis midi. Vers deux heures, les Français tentaient un retour offensif sur le bois de Fleye; ils étaient repoussés à 300 pas par un feu rapide. A leur suite l'ennemi venait se loger dans la partie découverte au sud de Cachy, et tentait de s'y maintenir. Mais, malgré le secours des batteries à cheval du corps qui arrivaient vers 3 heures, il était forcé de se rabattre sur les bois de Hangard.

Quant à Gentelles même, l'ennemi à bout de munitions l'avait évacuée; deux compagnies envoyées pour remplacer celles qui quittaient le village, étaient bientôt appelées pour faire face aux attaques faites à la droite sur le bois de Fleye. Nous reprenions donc possession du village; et vers 4 heures et demie, le général Lecointe dirigeait quelques bataillons sur Domart. Les Prussiens se disposaient à défendre ce passage. Ils rappelaient à cet effet le Ier bataillon du 4e et les 5 batteries lourde et légère. Mais les Français arrêtaient bientôt leur mouvement offensif et laissaient sans combat les ponts de la Luce entre les mains de l'adversaire. Sur ces entrefaites la queue du gros était arrivée. Tout le corps d'armée, laissant ses avant-postes au nord de la Luce, venait bivouaquer au sud de la rivière.

Engagements du VIIIe corps.

Du côté du VIIIe corps d'autres engagements avaient eu lieu en même temps. La 30e brigade marchait sur Boves et Saint-Nicolas où les troupes françaises chassées de la ferme du Paraclet s'étaient réfugiées. Vers 1 heure de l'après-midi, la brigade, obéissant à l'invitation qui lui était adressée par le général de Manteuffel de prêter son appui au Ier corps, attaquait le village avec quatre bataillons et une batterie. Ces quatre bataillons, pendant leur marche sur Saint-Nicolas, sont assaillis brusquement par des feux partis du bois de Gentelles sur la rive droite de l'Avre. Deux d'entre eux font face à ce nouvel ennemi, tandis que les deux autres continuent leur marche. Vers 2 heures et demie le village est emporté et les Français se dirigent sur Longeau.

Aussitôt le village pris, les deux bataillons qui y étaient entrés sont dirigés sur la hauteur au nord de Boves. Au même instant la 29e brigade dirigeait sur ce même point huit compagnies. Sous l'attaque convergente de ces troupes soutenues par les feux de l'artillerie, les Français abandonnent Boves et se réfugient vers Amiens en abandonnant 400 prisonniers.

Enfin la 16e division avait elle-même eu un engagement avec les gardes mobiles postés à Dury. Ceux-ci, repoussés d'abord de Hébécourt, opposaient dans le bois au nord de ce village une résistance acharnée aux attaques de deux bataillons. Mais bientôt, se voyant tournés sur leur droite par deux compagnies, ils rétrogradent sur Dury.

Vers 1 heure, toute la 16e division se met en marche sur Amiens. Sa tête de colonne est accueillie par une violente fusillade partie du cimetière au nord de Dury. Aussitôt les quatre batteries de la division se déploient à droite du village et les défenseurs accablés par ce feu cèdent devant l'attaque d'une seule compagnie. Une longue canonnade s'engage ensuite jusqu'à la nuit ; et comme l'attitude des Français faisait présager une résistance tenace, les Prussiens rompent le combat vers quatre heures du soir,

Dans la soirée, le général de Manteuffel, prévoyant qu'il lui faudrait continuer la lutte le lendemain et ayant pu s'apercevoir par les événements du jour que les troupes étaient beaucoup trop dispersées donnait des ordres pour la concentration.

Le lendemain 28, les premières patrouilles allemandes constataient que le pays était libre et Amiens même évacué.

Les vainqueurs avaient perdu 1,300 hommes et les vaincus 1,383 tués ou blessés, et un millier de disparus. Les plus grosses pertes de l'ennemi avaient eu lieu devant Villers-Bretonneux. La proportion des tués aux blessés était plus forte que d'ordinaire, car elle s'élevait à $\frac{1}{4:5}$. Pour l'artillerie cette proportion allait même jusqu'à $\frac{1}{3}$ et même au $\frac{2}{9}$, ce qui témoigne de l'acharnement du combat.

Réflexions.

Telle est la série de combats décousus à laquelle on a donné le nom de bataille d'Amiens et de Villers-Bretonneux. Le lecteur aura déjà fait des remarques que soulève leur simple récit. Dispersion extrême des deux partis, tendance des Français à la défensive pure; leurs attaques au courant du combat sont toujours partielles, trop grande facilité à se croire tournés.

Néanmoins on remarquera que leurs troupes, si mauvaises qu'elles fussent, avaient cependant plusieurs fois repoussé l'adversaire, qu'elles avaient fait à plusieurs reprises rétrograder l'artillerie, qu'enfin dans l'intérieur des ouvrages elles avaient opposé une résistance que l'adversaire lui-même qualifie d'acharnée. Enfin on les a vues, dans la soirée, marcher sur les ponts de la Luce, suivant l'ennemi qui cédait sur ce point. C'était plus qu'on ne pouvait espérer.

Du côté des Prussiens les opérations présentent moins de décousu; mais elles ont lieu sur un terrain trop vaste. C'est ce qui oblige le général Manteuffel à semer son escadron d'escorte sur les routes pour établir une liaison précaire entre les Ier et VIIIe corps. C'est ce qui fait que par moment les Français se trouvent sur certains points en forces supérieures à celles de leurs adversaires. C'est du moins ce que dit le récit allemand, bien que cette assertion paraisse difficile à croire.

En effet, ils avaient mis en ligne 27,681 hommes et 60 pièces de canon ayant effectivement combattu. Il y a loin de là aux 17,500 hommes que pouvait leur opposer le général Farre. Cependant le récit affirme à plusieurs reprises la supériorité numérique des Français ; et leur marche sur Domart à la fin de la journée prouve qu'au moins sur ce point le récit dit vrai.

Capitulation d'Amiens et de la Fère.

Le 28, la citadelle d'Amiens sommée de capituler s'y refusait. Le 29, un combat de mousqueterie s'engageait entre les remparts et cinq compagnies du 40e, pendant que les batteries prussiennes passaient la Somme. Mais le 30, avant que le feu ne fût ouvert, la citadelle dont le commandant avait été tué la veille capitulait à 10 heures du matin. Elle livrait 400 prisonniers, 30 bouches à feu et des approvisionnements considérables.

Pendant ce temps, la place de la Fère avait capitulé. Commandant les voies ferrées allant de Reims à Creil et Amiens, elle avait acquis par les derniers événements une certaine importance. Ses fortifications dataient du moyen âge, à l'exception toutefois d'une couronne couvrant la gare et d'un ouvrage à cornes à l'ouest. Les inondations la protégeaient de toutes parts sauf sur le front est. C'est par là que la 4e brigade d'infanterie prussienne dirigea ses attaques.

La place avait pour garnison 2300 gardes mobiles sous le commandement du capitaine de frégate Planche ; elle était armée de 113 pièces de gros calibre dont 36 seulement de rayées, mais elle ne possédait pas d'abris blindés.

Dans les journées des 11 et 12 novembre, la 4e brigade d'infanterie était amenée de Pont-à-Mousson à Soissons où elle trouvait l'équipage de siège, servi par trois régiments et demi d'artillerie de place et 1 compagnie de pionniers de place.

Le 15, la place était investie. Elle fournissait un feu nourri et exécutait dans les dix premiers jours quelques petites sorties, mais sans parvenir à troubler les opérations.

Les Allemands construisaient sans obstacle leurs batteries de siège au nombre de 7 ; 4 au nord de Danisy, 1 dans Danisy même et 2 au sud. Elles étaient armées de 8 canons de 15[c], 12 de 12[c], 6 canons de 9 et 6 mortiers français de 22[c]. Ces batteries ouvraient leur feu, le 25 à 7 heures 1/2 du matin. A 8 heures seulement la place répondait par un feu absolument inoffensif. Le bombardement continuait pendant la nuit suivante, presque toute la ville était en feu.

Le lendemain 26, le commandant de la place ouvrait des négociations à la suite desquelles la place capitulait dans l'après-midi du 27.

Elle livrait 2,300 prisonniers et un riche matériel qui était de suite employé à armer la citadelle d'Amiens. Cette conquête avait coûté à l'ennemi 1 homme tué et 5 blessés. Tristes effets du bombardement et de la faiblesse de la garnison.

Dès le lendemain la 4e brigade allait rallier le Ier corps d'armée. C'était le jour où les troupes prussiennes entraient dans Amiens.

Entrée de l'ennemi à Rouen et à Dieppe.

A la suite de ces affaires la 1re armée s'acheminait sur Rouen où était signalée la présence du général Briant à la tête d'un corps de 15 à 20,000 hommes. Dans cette marche les Prussiens repoussèrent sans difficulté les troupes de ce général. Une seule fois, le 30 novembre, à Etrepagny, une compagnie se laisse surprendre à

1 heure 1/2 du matin. Les Allemands y perdaient une pièce, 150 hommes et 80 chevaux. Néanmoins le général Briant évacuait Rouen à l'arrivée de l'ennemi, et le général de Göben y faisait son entrée le 5 décembre.

Les jours suivants, un détachement entrait dans Dieppe, où il enclouait les pièces de côte et détruisait les sémaphores. Le VIIIe corps marchait sur le Havre, devant lequel il arrivait le 11; mais ce jour-là même il recevait l'ordre de se trouver le 13 à la Feuillie, dans la direction d'Amiens.

Cet ordre était motivé par de nombreux actes d'hostilités arrivés sur la ligne de la Somme, actes qui indiquaient clairement l'approche de forces destinées à tenir la campagne. Le 5 décembre, les habitants de Saint-Quentin s'étaient opposés par la force à la destruction de la voie de Cambrai, et l'on avait dû employer le canon contre eux. Le 9 décembre, au milieu de la nuit, Ham était investi, et tous les Allemands qui se trouvaient dans la ville faits prisonniers. Un détachement, envoyé pour reprendre possession de la ville, se trouvait en face de forces supérieures et rétrogradait sur Amiens. A ces nouvelles, le grand quartier général ordonnait à la 3e division de réserve sous Mézières de mettre ses forces disponibles sous les ordres du gouverneur général de Reims, chargé de maintenir les communications en arrière, et à la 14e division, sous Montmédy, de diriger sur Mézières toutes les troupes disponibles, enfin, au général de Manteuffel, de concentrer à Beauvais le gros de ses troupes.

Capitulation de Thionville et de Montmédy.

Pendant que la première armée envahissait ainsi le

nord de la France, le VIIe corps, laissé par elle devant Thionville et Montmédy, s'emparait de ces deux places.

Thionville était investi depuis le commencement d'octobre par 7 bataillons, 5 régiments de cavalerie et une batterie. Le 13 novembre, ces troupes étaient remplacées par la 14e division, commandée par le général Kamecke. Thionville se trouve sur la rive gauche de la Moselle, avec tête de pont sur la rive droite. Elle est défendue par une enceinte bastionnée régulière, précédée de dix-huit lunettes détachées, dont quatre seulement avaient été mises en état de défense. Il n'y a ni abris casematés, ni magasins blindés. Le sol était protégé par une inondation en amont de la ville ; sur les côtés ouest et nord, les parties basses laissaient jaillir l'eau aux premiers coups de pioche ; mais à peu de distance de la ville, tant à l'est qu'à l'ouest, des hauteurs favorables à l'assiégeant permettaient d'établir des batteries. On voit que si la place pouvait résister à un siège régulier, elle offrait un but singulièrement favorable au bombardement. C'est à ce dernier parti que s'arrêtait le général Kamecke. Néanmoins, il se préparait à un siège régulier dans le cas où il serait nécessaire, et choisissait pour l'attaque les fronts 5-6 et 6-7. Les travaux de l'artillerie étaient confiés à 13 compagnies d'artillerie de place et ceux du génie à 5 compagnies de pionniers de place.

Le colonel Turnier avait fait faire plusieurs sorties avant l'arrivée de la 14e division ; quelques-unes avaient obtenu de bons résultats. Néanmoins, il laissait s'opérer sans obstacle la construction des batteries de bombardement qui se fit du 18 au 21 novembre. Le 22 au matin, 18 batteries armées de 85 pièces commençaient le bombardement : 8 batteries sur la rive droite et 10 sur la gauche. Les 85 pièces se composaient de 34 canons de 15, 23 de 12, 18 de 9, 6 de 8 et 4 mortiers français de 32. La place répondait d'abord vigoureusement, mais vers neuf heures, son feu se ralentissait. Pendant la nuit, l'infanterie allemande trace, sous des torrents de pluie, sa première parallèle à 600 mètres environ des glacis. Le 23 au matin, le feu reprend, mais seule la tête du pont riposte. Vers deux heures, le colonel Turnier arborait le drapeau blanc pour demander que les femmes et les enfants soient autorisés à quitter la ville en flammes. Cette demande était refusée et le feu reprenait. Le lendemain 24, la place ouvrait des négociations à la suite desquelles les Allemands prenaient possession de la ville le lendemain 25. La garnison, composée d'environ 4,000 hommes, était prisonnière de guerre. Elle abandonnait au vainqueur 199 bouches à feu, un matériel et des approvisionnements considérables. L'assiégeant avait perdu 12 hommes tués et 10 blessés. Nouvelle preuve de l'efficacité du bombardement qui amenait avec des pertes insignifiantes pour l'assiégeant, la reddition d'une place encore pleine de vivres et de munitions.

Les troupes allemandes étaient immédiatement dirigées sur Montmédy. Cette place était observée plutôt qu'investie, depuis la chute de Metz, par 5 bataillons, 4 escadrons et une batterie. A plusieurs reprises, la garnison, profitant de la nature du terrain très coupé et boisé, avait réussi à surprendre les avant-postes. Le 5 décembre, le général Kamecke amenait devant la place 12 bataillons, 7 escadrons, 2 compagnies de pionniers, sans compter les troupes d'artillerie et de pionniers de place. On procédait à l'investissement et le front ouest était choisi pour point d'attaque. La ville est située sur un piton dont les pentes rapides surgissent de la vallée de la Chiers. L'attaque régulière en est difficile ; mais les hauteurs voisines, d'où l'on découvre le pied des murailles, sont très favorables à un bombardement, et l'ennemi avait trop bien réussi dans celui de Thionville pour ne pas employer le même procédé sur Montmédy, d'autant plus qu'il était probable que cette petite place, négligée comme tant d'autres, ne devait guère avoir que des canons lisses. En effet, sur 65 canons que possédait la défense, 8 seulement étaient rayés. La garnison se composait de 2,000 gardes nationaux et d'environ 700 échappés de Sedan.

Les Allemands, profitant d'un brouillard constant qui permettait de travailler même pendant le jour, établirent 10 batteries armées de 18 canons de 15 cent., de 20 canons de 12 et de 4 mortiers de 21 cent. En outre, 28 canons de campagne secondaient l'artillerie de siège. Le feu commençait le 12 au matin, malgré le brouillard qui gênait le pointage et l'observation des coups. Le feu de la place cessait au bout de quelques heures. Le 13 au matin il reprenait faiblement. A sept heures du soir, la place demandait à capituler, et la reddition s'effectuait le lendemain 24. La garnison prisonnière était conduite au bivouac près de Vezin ; mais dans la nuit elle s'échappait en grande partie par la frontière belge.

Opérations autour de Dijon.

Pendant ce temps le XIVe corps placé aux environs de Dijon sous les ordres du général de Werder avait eu à plusieurs reprises à lutter contre un ennemi peu dangereux, mais que l'on voyait partout. Chaque jour les éclaireurs signalaient de nouvelles troupes tantôt d'un côté, tantôt d'un autre. Elles appartenaient soit au corps de Garibaldi soit au corps du général Cremer. Chacun d'eux comptait environ 16 à 17,000 hommes. La division Cremer comptait 13 bataillons, 4 compagnies et 18 pièces divisées en deux brigades. La 1re brigade comprenait les gardes mobiles de la Gironde et les 32e et 57e régiments de marche ; la 2e deux légions de mobilisés du Rhône et les volontaires du même régiment. Le corps, sous les ordres du général Garibaldi, comptait quatre brigades, quelques escadrons de cavalerie et trois batteries dont une de campagne. Il y avait là beaucoup d'aventuriers qui s'étaient distribué les grades, des corps de toute espèce de formation renfermant des gens qui n'avaient pas voulu entrer dans les troupes régulières. A côté de quelques bataillons de gardes mobiles fournis par les départements du sud-est, on voyait beaucoup de francs-tireurs et d'éclaireurs de toutes les nuances, des chasseurs égyptiens, une légion espagnole, une guérilla d'Orient, des francs-tireurs italiens. Le chef d'état-major de cette singulière armée était un pharmacien, nommé Bordone, qui avait pris les insignes de colonel.

Ces troupes sans grande valeur et opérant sans ensemble tenaient néanmoins l'ennemi en éveil et le forçaient à des marches incessantes. Quelquefois même elles rapportaient des avantages inespérés, mais qui ne conduisaient à rien de sérieux.

Les deux actions les plus sérieuses sont la marche de Garibaldi sur Dijon qui échouait le 26 novembre, non sans avoir infligé des pertes aux Allemands et après les avoir forcés à se concentrer, et celle du général Cremer sur Vandenesse et sur Nuits. Dans ces deux dernières affaires, l'ennemi éiait forcé à la retraite. Il ne faudrait pas tomber dans l'erreur qui prétend que ces petites affaires qui n'amènent aucun avantage sérieux sont inutiles et ne conduisent qu'à des pertes sans compensation. Elles ont au contraire l'avantage d'inquiéter sans cesse l'adversaire qui ignore vos projets, qui craint sans cesse de trouver des forces supérieures partout où il est attaqué. Elles le forcent à des marches fatigantes qui l'épuisent et qui le constituent dans un état de faiblesse lorsque commencent les opérations sérieuses.

Le 1er décembre les Allemands faisaient sur Autun une tentative. Vivement assaillis par des feux de mousqueterie et d'artillerie, ils remettaient au lendemain l'attaque de la ville. Mais dans la nuit un ordre du général Werder rappelait à Dijon les troupes allemandes.

Les lignes d'étape se trouvant insuffisamment gardées dans cette direction, on adjoignait au XIVe corps la 13e division et l'artillerie du VIIe corps commandées par le général de Zastrow. La 14e division se trouvait devant Thionville et Montmédy et était après la prise de ces deux places dirigée sur Mézières.

CHAPITRE XIII.

DEUXIÈME ARMÉE DE LA LOIRE.—BATAILLE DE BEAUMONT-CRAVANT.

Immédiatement après la prise d'Orléans le prince Frédéric-Charles dispersait les troupes dans toutes les directions. Le IIIe corps remontait la Loire jusque près de Gien et trouvait les Français à Ouzouer-sur-Loire et à Nevoy. Le IXe corps passait sur la rive gauche et avait des engagements à la Ferté-Saint-Aubin et à Nouan-le-Fuzelier. Il s'arrêtait devant Salbris où il trouvait l'adversaire en forces. Enfin le grand-duc de Mecklembourg descendait la rive droite du fleuve avec les 2e et 4e divisions de cavalerie, les 17e et 22e divisions d'infanterie et le Ier corps bavarois, La 25e division descendait en même temps la rive gauche. C'est de ce côté que se passaient les événements les plus sérieux.

La 2e division de cavalerie, renforcée de la brigade de cuirassiers bavarois et d'un bataillon d'infanterie, suivait la rive du fleuve et s'emparait de Meung après une légère escamourche. Mais, à la vue de forces considérables rassemblées 2 kilomètres plus loin entre Boulle et la Bruère, elle évacuait Meung et se retirait sur Saint-Cry.

Dans la même journée du 6 décembre, la 4e division atteignait Ozouer-le-Marché. Mais elle aussi rétrogradait devant des forces supérieures et venait se cantonner entre Baccon et Charsonville.

Le lendemain 7 on en venait aux mains sur toute la

ligne. Dès le matin, à l'aile gauche, la cavalerie ennemie se mettait en route, les Bavarois le long du fleuve, la 2e division par le château de Prémont. Devant l'attitude résolue des troupes françaises, la cavalerie attendait l'arrivée de la 17e division prussienne et de la 1re bavaroise qui s'étaient mises en marche. Ces deux divisions suivaient d'abord la route de Meung; mais vers midi la 2e division bavaroise recevait l'ordre de se porter par la Challerie sur le flanc gauche des Français.

Combats de Langlochère, Messac, Villechaumont.

L'avant-garde de la 27e division occupe Meung sans combat, mais au delà de la ville elle rencontre une résistance opiniâtre dont elle ne triomphe qu'en dessinant un mouvement pour tourner la gauche de l'adversaire. Celui-ci rétrograde alors sur Foinard et la Bruère sous la protection d'un feu très-vif d'artillerie auquel la 17e division répond de ses quatre batteries. Le combat d'infanterie se continue d'une façon acharnée à travers les vignes, et déjà l'ennemi n'est plus qu'à 500 mètres de la Bruère quand il est brusquement pris en flanc par des troupes fraîches qui apparaissent à Langlochère. Devant ce danger, le général de Tresckow dirige sur ce point deux bataillons du 76e qu'il avait déjà appelés du gros vers son aile droite. Ces deux bataillons enlèvent Langlochère ; et le village pris, se dirigent en partie vers la Bruère et en partie vers le nord pour faire face à de nouvelles troupes venant de la Bourie.

Pendant ce temps de nouvelles troupes parties de

Meung se dirigeaient sur Baulle et, le trouvant évacué, venaient se joindre à l'action près de Foinard.

Les troupes qui avaient paru à la Bourie, à l'ouest de Langlochère n'entraient pas plus tôt en action contre ce village qu'elles avaient à répondre aux attaques de la 1re division bavaroise que nous avons vue se diriger par la Challerie. Vers 3 heures, la 1re brigade avait atteint le Bardon au nord-ouest de Langlochère. Appuyée par le feu de leurs batteries, les bataillons bavarois formés sur deux lignes enlèvent la ferme de la Bourie, lorsqu'ils sont à leur tour menacés sur leur flanc droit par de nouvelles troupes françaises partant du grand Châtre. Les Bavarois exécutent alors un changement de front à droite et se portent en avant dans la direction de l'ouest, appuyés par le feu des batteries de la 2e division de cavalerie.

L'action engagée à la nuit tombante était très-vive et restait longtemps indécise, elle se terminait par la retraite des Français sur Beaumont. Une batterie française placée au sud de la Bourie, qui prenait les Prussiens à revers, était prise et reprise plusieurs fois et finissait par rester dans nos mains.

La 2e division bavaroise avait été formée en position d'attente à Baccon. Au bruit du combat elle envoyait la 3e brigade vers Vilocry, mais elle arrivait trop tard pour prendre part au combat.

Quant à la 22e division, elle avait gagné sans obstacle Ouzouer-le-Marché. Un peu après-midi, le combat s'engageait au delà de Binos. Mais les Allemands ayant aperçu que la forêt de Marchenoir était occupée par des forces supérieures, rompaient le combat vers 3 heures 1/2 et se cantonnaient au nord de la route de Morée.

Ainsi l'ennemi avait trouvé une résistance énergique sur une longueur de 20 kilomètres. La 2e armée de la

Loire venait de faire connaître son existence à l'ennemi. La journée avait eu pour résultat de faire connaître à chacun la force et les emplacements de l'adversaire. La bataille entre les vieilles troupes allemandes et nos jeunes conscrits était restée indécise. Les jours suivants montreront comment chacun des adversaires profita des enseignements de cette journée.

Les Allemands n'avaient perdu que 300 hommes. Le régiment le plus éprouvé était le 76e qui avait attaqué Langlochère et la Borie. Du côté des Français l'attaque avait été soutenue par la division Camô, une division du 86e corps et une du 17e, contre deux divisions d'infanterie et une de cavalerie.

Composition de la deuxième armée de la Loire.

La nouvelle armée de la Loire était composée des 16e, 17e et 21e corps et de la division Camô ; elle obéissait au général Chanzy. Le 21e corps de nouvelle formation était sous les ordres de l'amiral Jaurès. Il comprenait 4 divisions d'infanterie, 1 de cavalerie, avec une réserve de 5 à 6 bataillons, 4 escadrons et 4 batteries. Chaque division possédait 2 batteries et 1 section. Elle était composée comme toujours d'éléments très disparates, assemblés et embrigadés à mesure de leur formation.

Le général Chanzy avait placé à sa droite la division Camô et le 16e corps, au centre le 17e, à l'aile gauche le 21e, la division de cavalerie à Poisly.

Après la prise d'Orléans, le 15e corps avait battu en retraite sur Salbris. Le général d'Aurelles avait été remplacé par le général Bourbaki, qui ralliait tout le monde à Bourges pour se remettre en état de tenir la campagne. Le 18e et le 20e corps, qui avaient gagné la rive gauche de la Loire par Sully et Jargeau, se réunissaient au 15e corps et formaient la 1re armée de la Loire.

Dans la soirée du 7, le prince Frédéric-Charles ordonnait au IIIe corps d'occuper Gien, au IXe corps et à la 25e division de descendre la Loire sur la rive gauche, au Xe corps de se porter sur la Ferté-Saint-Aubin et de faire observer la vallée du Cher.

Dans cette même soirée, le grand-duc de Mecklembourg, en considération des forces imposantes attribuées à l'adversaire décidait de combiner, sa marche sur Tours avec un mouvement latéral de ses troupes vers l'aile gauche. En conséquence, il ordonnait pour le lendemain à 10 heures, à la 17e division d'être prête à rompre de Baulle, au Ier corps bavarois de se rassembler au grand Châtre, à la 22e division de gagner Cravant en passant par Villermain. La 4e division de cavalerie devait suivre la 22e, et la 2e division de cavalerie être massée entre le grand Châtre et Cravant.

On voit que ces dispositions amenaient le gros des troupes vers Cravant et laissaient aux Français le champ libre vers le nord. Elles pouvaient être dangereuses si la 2e armée de la Loire, appuyant sur son aile gauche, venait présenter la bataille parallèlement à la Loire.

Bataille de Villorceau ou de Beaumont-Cravant.

Le lendemain 8 décembre, l'armée de la Loire faisait deux attaques vigoureuses l'une par Poisly, l'autre par Villechaumont. La première rencontrait la 22e division au nord sur Cravant, et était arrêtée par la 23e brigade soutenue de l'artillerie; l'autre se heurtait de front à la 2e division bavaroise. Cette attaque était d'abord repoussée et bientôt les Bavarois se portaient à l'attaque de Villechaumont. La 1re division du 17e corps français soutenue de la 1re du 16e se reporte impétueusement en avant et les Bavarois cèdent le terrain conquis jusqu'à Beaumont. Mais à ce moment cinq batteries de la réserve bavaroise viennent s'établir entre Beaumont et Cravant, trois autres vont renforcer le groupe de pièces en action à gauche de la ligne allemande ; enfin la 1re division bavaroise s'avance pour recueillir les troupes de la 2e. Alors les Français reculent lentement d'abord, puis plus vite abandonnant la grande route qui longe le front des deux armées. Mais, sitôt repoussés, ils préparent une nouvelle attaque du 17e corps tout entier pour rompre la ligne ennemie.

La 22e division avait efficacement soutenu les Bavarois dans cette action au moyen de sa 44e brigade ; elle avait coopéré à la défense de Cravant sur lequel les Français tentaient une attaque vers trois heures de l'après-midi. Pendant ce temps l'aile droite allemande était couverte par les 9e et 10e brigades de cavalerie postées autour de Montigny et de Villermain. Dans l'après-midi, deux régiments de cavalerie français débouchaient de Mézières, mais ils tournaient bride aux premiers obus lancés par les batteries à cheval de l'ennemi.

En face des 16e et 17e corps, l'action se prolongeait. Sous le feu des Français cinq batteries bavaroises abandonnaient leur position après des pertes énormes. Elles étaient remplacées par 3 batteries de la réserve ; de plus la 1re brigade bavaroise entrait en ligne et à 4 heures du soir le corps bavarois tout entier se portait en avant aux cris du hurrah entre Villevert et Cernay. Mais bientôt ils rencontraient nos troupes marchant hardiment à sa rencontre. Les Bavarois ne peuvent tenir contre ce nouveau choc. Décimés par la lutte, privés de beaucoup d'officiers atteints par le feu, ils rétrogradent précipitamment sous Beaumont. Les feux de l'artillerie restée immobile à sa position et la nuit tombante mettent fin à l'attaque des Français qui abandonnent pendant la nuit le Mée et Villechaumont.

A l'aile gauche des Allemands l'action avait été moins vive. A midi seulement, la 17e division se portait sur Beaugency. Arrivée à hauteur de Messas qui se trouve à droite de la route avant d'arriver à Beaugency, elle fait canonner le village, puis deux bataillons se portent à l'attaque. La résistance y est acharnée et ne cesse qu'à la nuit. Néanmoins les Français tentent un retour offensif qui est repoussé par les feux rapides du 75e.

Pendant ce temps le restant de l'avant-garde attaquait devant elle Beaugency et sur sa droite Vernon. Néanmoins il ne s'abandonnait qu'à la nuit et ce n'était qu'au prix de pertes sérieuses que l'ennemi se maintenait devant Vernon. Dans la nuit, l'ennemi, trouvant cette position dangereuse la faisait attaquer par surprise. Nos troupes l'abandonnaient en désordre et se réfugiaient sur le grand Bonvalet.

La journée avait été glorieuse pour la jeune armée de la Loire. Elle avait à maintes reprises vu plier devant elle les bataillons allemands, et le soir venu elle occupait à peu près les mêmes positions que le matin. C'est à peine si elle avait cédé un kilomètre de terrain.

Engagements divers le 9 décembre.

Pour le lendemain 9, le grand-duc ordonnait aux 17e et 22e divisions de se porter en première ligne, tandis que les Bavarois, fatigués de la lutte, se tiendraient en réserve au grand Châtre. Mais les Allemands n'avaient pas le loisir d'obéir à ces ordres, car la lutte s'engageait dès le matin sur toute la ligne.

A la droite de l'armée française, la 1re division du 16e corps marchait au secours de la division Camô, et le 17e corps soutenant ce mouvement avançait sur Vernon, et en chassait 2 batteries à cheval, mais les feux rapides du 2e bataillon du 75e repoussaient cette attaque, et une contre-attaque de ce même bataillon forçait les Français à rétrograder. Les batteries qui avaient soutenu le mouvement étaient réduites au silence par le feu des quatre batteries de la division prussienne.

Sur le front du corps bavarois, dès 7 heures du matin, les Français cherchaient à reconquérir le Mée. Ils étaient repoussés par deux bataillons de la 3e brigade et une batterie prussienne. Les Prussiens prononcent ensuite une attaque sur Villorceau qu'ils réussissent à enlever vers 10 heures et 1/2, malgré une défense opiniâtre. Une seconde attaque des Français sur ce même village est repoussée avant midi.

Plus à gauche (des Français) les troupes françaises avaient ouvert le feu contre la 4e brigade placée près de Villechaumont ; vers 9 heures elles attaquent avec impétuosité, et parviennent à repousser une partie de l'artillerie bavaroise, mais malgré leur supériorité numérique (?) elles ne peuvent triompher de la résistance des cinq bataillons bavarois. Ceux-ci ont néanmoins grande peine à se maintenir lorsque la 22e division leur apporte le secours de trois bataillons et deux batteries. L'intervention de ce renfort est funeste aux Français qui rétrogradent bientôt sur Cernay où 200 hommes mettent bas les armes. Une batterie française s'étant trop avancée est désemparée par le feu de mousqueterie.

Plus à gauche encore la 43e brigade avait, par suite d'un faux mouvement, abandonné les fermes de Loyes et de Beauvert; les Français s'en étaient emparés. Le général de Wittich ordonne de les reprendre sur-le-champ. L'attaque est faite par 3 bataillons qui réussissent à reprendre possession du terrain. Vers 11 heures, les Français déploient des forces imposantes devant Launay. On appelle alors en 1re ligne les fractions de la 1re brigade maintenues en réserve et cinq batteries d'artillerie.

Plus à gauche encore de fortes colonnes marchant sur Cravant paraissaient au nord-est de la forêt de Marchenoir. Le grand-duc, informé de ces mouvements, prescrit alors à sa gauche d'attaquer Villevert et Villorceau.

Depuis leur offensive sur Vernon jusqu'à 11 heures les Français s'étaient maintenus sans nouvelles entreprises sur le terrain occupé par leur aile droite. A ce moment ils acheminaient de grosses colonnes sur Villorceau; mais ces troupes rétrogradaient bientôt sous le feu de l'artillerie. A la réception de l'ordre du grand-duc, la 17e division dirige le gros de ses forces sur le grand Bonvalet, ferme à l'ouest de Vernon; son avant-garde marche sur Pierre-Couverte et Clos-Moussu. Assurées sur leur flanc gauche par cette avant-garde, les troupes de la division se portent du grand Bonvalet sur Loynes et Villorceau. Ce dernier village avait été emporté par les Bavarois. On se porte alors sur Villemarceau. Mais alors apparaissent d'épaisses colonnes débouchant d'Ougny et de Villejouan. Mais elles sont forcées à la retraite par le feu de trois batteries qui ont pris position au sud de Villemarceau.

Pendant ce temps deux bataillons du gros laissés dans le grand Bonvalet s'étaient embusqués autour de cette ferme et entretenaient la fusillade avec les troupes de l'adversaire. Réunis à deux autres bataillons, ils exécutent une charge sur toute la ligne. Les Français se retirent et ni les feux de salve, ni les mitrailleuses ne parviennent à empêcher l'ennemi de s'établir sur la position conquise.

La marche de la 17ᵉ division sur Villejouan avait été fortement secondée de Cravant et de Villechaumont par trois bataillons, 6 escadrons et 14 pièces. Ces troupes s'emparaient de Villejouan et vers le soir d'Origny. Les Français rétrogradaient alors sur Josnes.

Combats de Villemarceau et de Villejouan.

Le troisième jour de ce combat opiniâtre cessait sans désavantage marqué pour l'armée de la Loire. Comme les jours précédents elle avait vu parfois plier les vieilles bandes ennemies ; mais elle était fatiguée de cette lutte acharnée qui aurait affaibli même de vieilles troupes. Le général Chanzy déployant une indomptable ténacité ordonnait cependant l'attaque pour le lendemain matin, espérant que peut-être les troupes françaises qui étaient à Bourges se décideraient à paraître et, attirant sur elles une partie des forces de l'ennemi, lui assureraient la victoire que lui méritaient ses héroïques efforts.

Mais il n'en était rien et, bien loin que l'ennemi fût forcé de se diviser, assuré de l'inaction des troupes de Bourges, il avait dès la veille prescrit au Xᵉ corps de s'acheminer d'Orléans vers Meung et au IIIᵉ de redescendre la Loire à marches forcées pour remplacer le Xe corps à Orléans.

Aux premières lueurs de l'aube les colonnes françaises marchent sur Origny qui est bientôt enveloppé. 150 prisonniers restent entre leurs mains ; le reste se fraie un passage à l'arme blanche sur Villejouan. Ce village est bientôt repris par les Français, qui déploient leur artillerie, à laquelle répondent bientôt six batteries allemandes.

Vers 10 heures et 1/2 un rapport du 3e chevau-légers annonçait que les Français débouchaient en masse sur Villermain. Les Bavarois prolongeaient alors leur ligne jusqu'au château de Coudray en occupant Montigny et Jouy. Sept nouvelles batteries étaient mises en ligne et vers midi arrivaient 4 batteries du Xe corps et 2 batteries à cheval de la 4e division de cavalerie, ce qui portait à 114 le nombre des pièces en ligne. Dans ce long combat d'artillerie, il arrivait que vers le soir les pièces prussiennes refusaient le service. Toutes les batteries légères de la 22e division étaient hors de service depuis le 8 au soir. L'action d'artillerie continuait jusqu'à 3 heures où les Français se décidaient à retirer peu à peu leurs pièces, et à ne plus rien tenter de sérieux de ce côté. Mais les Allemands s'y maintenaient dans une rigoureuse défensive.

Pendant ce temps Villejouan cédait aux attaques réitérées de la 17e division. Dès le matin, les Français avaient attaqué Villemarceau en même temps que Villejouan.

Pendant que l'attaque de gauche sur Villejouan réussissait, celle de droite sur Villemarceau était repoussée par le feu de 4 batteries. Mais l'occupation de Villejouan constituait un danger pour le flanc droit de la 17e division. Aussi vers midi après avoir canonné le village on porte en avant deux bataillons. Les défenseurs opposent une résistance désespérée qui se poursuit de maison en maison jusque vers 3 heures 1/2 du soir. C'est alors que les Français commencent à dégarnir leur ligne d'artillerie. Un petit détachement luttait encore à l'est de Villejouan. De nouvelles colonnes s'élancent d'Origny et d'Ourcelles pour reprendre le village. Mais elles cèdent bientôt devant les feux de l'artillerie de la 17e division, qui s'avance tout entière au sud de Villemarceau, combinés avec ceux d'une batterie de la 22e, postée auprès de Carnay. Les 170 hommes qui avaient seuls continué la lutte dans le village tombent entre les mains du vainqueur.

Retraite de la deuxième armée de la Loire sur Vendôme. — Réflexions.

Le combat cessait avec le jour. Dans la nuit, le général Chanzy apprenait que les troupes du IXe corps qui descendaient la rive gauche s'étaient emparées de Vienne, faubourg de Blois sur cette rive, et qu'il ne pouvait compter sur aucune diversion de la part du général Bourbaki. Il se décidait donc à entamer sa retraite sur Vendôme.

Après ces quatre jours de combat, les fatigues et les privations avaient considérablement affaibli l'ennemi. Toutes les pièces légères de la 22e division et une notable partie de celles du 1er corps bavarois étaient hors de service par suite de déformations des parois du logement du coin de fermeture. L'ennemi avait perdu 3,400 hommes seulement, sur 25,000 hommes d'infanterie qui avaient pris part à la lutte.

L'armée française, quoique bien plus forte numériquement, n'avait pu triompher de la résistance des Allemands. Ces jeunes troupes, dont la plupart n'avait jamais touché un fusil, avaient déployé plus de courage qu'on ne pouvait en attendre, mais elles ne pouvaient pas avoir le sang-froid et la discipline de nos ennemis. Pourquoi fallait-il qu'ayant la supériorité du nombre nous n'ayions pas l'égalité d'instruction. Bien coupables sont ceux qui ont refusé à la France l'institution des gardes mobiles qu'avait demandée le maréchal Niel. Certes cette institution ne valait pas celle du service obligatoire, mais elle nous eut été du plus grand secours ; et en ce moment où l'ennemi forcé à se diviser jetait des armées autour de Paris au nord, au sud, à l'est, il était fatalement amené à une insuffisance numérique qui n'était, hélas, que trop compensée par notre insuffisance d'instruction militaire. Que seraient devenus ces 25,000 fantassins du grand-duc devant les 100,000 hommes du général Chanzy. Triste réflexion que nous aurons l'occasion de refaire.

Du côté des Prussiens on avait eu le tort de trop s'étendre : la densité du front, même après la concentration du 9 décembre, était de 2 hommes 1/2. Il fallait être bien sûr de la faiblesse de l'adversaire pour s'étendre aussi fort. De plus, à ce tort tactique on ajoutait celui de se concentrer sur les bords de la Loire alors qu'il fallait se mettre entre Paris et le général Chanzy, Peut-être ajoutera-t-on que si le général Chanzy eut marché sur Paris, il eut compromis sa ligne de retraite ; mais, dans un pays ami, la retraite d'une armée n'est jamais compromise. Tout lui est ouvert. De plus il ne suffit pas à l'ennemi de se mettre à la poursuite d'une armée en retraite, il faut la gagner de vitesse ; et ce n'est même pas assez de la gagner de vitesse. Il faut encore l'arrêter ; or, si l'on peut arrêter une armée de 30,000 hommes en joignant son arrière-garde, il n'en est pas de même pour une armée de plus de 100,000 hommes dont la tête de colonne est déjà bien loin, lorsqu'on a atteint ses derrières.

Mais d'autre part le général Chanzy, s'il était plus concentré, imitait les fautes de l'ennemi. Au lieu de s'étendre sur son flanc gauche et de se mettre entre Paris et les Bavarois, il se concentrait à Villorceau dans le sud. L'exemple de Coulmiers eut dû cependant l'éclairer. A plusieurs reprises le récit allemand signale des forces importantes dans la forêt de Marchenoir en face de Villermain, et ces forces ne donnaient pas. A quoi avaient-elles servi? qu'étaient-elles devenues?

Inaction des Allemands.

Le 11 au matin, les Allemands croyaient à la continuation de la lutte. Les mouvements par lesquels le général Chanzy couvrait sa retraite leur faisaient croire à des préparatifs d'attaque, auxquels ils répondaient par des contre-mesures, qui provoquaient de nouvelles dispositions chez leurs adversaires. Ce n'était que vers midi que le Xe corps constatait l'abandon des positions. Le prince Frédéric-Charles prenait alors des dispositions pour reconnaître la route suivie par le général Chanzy et en même temps pour relever les contingents les plus fatigués. Le 1er corps bavarois recevait l'ordre de rentrer à Orléans.

Le IIIe corps venait le remplacer en première ligne à la gauche du grand-duc, qui se portait un peu plus vers le nord. Le IXe corps qui était à Vienne en face de Blois recevait l'ordre d'y attendre que le Xe corps fût arrivé à sa hauteur. Le Xe corps devait marcher sur Blois afin de s'assurer si l'armée française ne se retirait pas dans cette direction. Le IIIe corps devait se porter sur Vendôme et le grand-duc sur Fréteval et Morée, occupant ainsi la ligne du Loir.

Bien que l'armée française, affaiblie par les fatigues et les privations, marchant dans une boue épaisse, qui avait succédé au sol glacé des jours précédents, couvrit les routes de traînards, de voitures et de cadavres abandonnés, le 12, le quartier général allemand ignorait ces indices de désorganisation et croyait à des projets de résistance. Ce n'était que le 13 au matin que l'on apprenait que les IXe et X^e corps étaient entrés à Blois. Le Xe corps passait dans cette ville toute la journée du 14.

Pendant ce temps le grand-duc était parvenu à Morée et à Fréteval. Le 14 au soir sur ces deux points avaient lieu des engagements assez sérieux. Les attaques des Français se prolongeaient jusque pendant la nuit. Déjà les jours précédents avaient été signalés par quelques affaires, et toutes les fois que l'on avait rencontré l'adversaire en retraite, celui-ci s'était montré prêt à la défensive. D'autre part, on apprenait que Tours était évacué et que le gouvernement était transféré à Bordeaux. Le prince Frédéric-Charles en concluait qu'une action décisive se préparait sur le Loir. Ses troupes étaient trop disséminées pour une action, il donnait donc l'ordre de ne pas s'engager jusqu'au 17, où il espérait avoir réuni tous ses moyens d'attaque.

En somme, pendant quatre jours le général Chanzy avait réussi à dérober sa direction; il s'était retiré sans être inquiété; sa fière attitude avait certainement intimidé ses adversaires, qui, à plusieurs reprises s'arrêtaient devant la contenance des arrière-gardes.

L'ennemi avait envoyé sur Tours deux corps d'armée regardant comme dangereux de s'engager vers le nord, si le général Chanzy rétrogradait sur Tours. Cette direction excentrique et malencontreuse dispersait les forces du prince et le conduisait à affaiblir sa ligne outre mesure, ce dont un adversaire plus solide eut pu sans doute profiter. Comme nous l'avons déjà dit il eut mieux valu pour l'ennemi porter toutes ses forces entre Tours et Paris. En faisant suivre la route de la Loire il faisait le jeu de son adversaire. Malheusement celui-ci était trop faible pour profiter des avantages que lui offrait la fortune. Enfin non seulement les IXe et X^{e} corps étaient dans une position excentrique, mais ils mettaient quatre jours avant de pouvoir affirmer d'une manière positive que la route était libre. Il n'en eut pas fallu davantage aux vieilles bandes du premier empire pour reconquérir tout le terrain perdu.

Le général ennemi, en prévision de l'action du 17, ordonnait au IIIe corps de se porter sur le Loir, au Xe de remonter vers le nord sur Vendôme, au grand-duc de se maintenir dans le *statu quo*. La journée du 16 devait être employée à continuer ces mouvements commencés le 15. De plus le IXe corps se porterait à son tour en deuxième ligne sur Vendôme. Des engagements avaient lieu à Maligne et à Fréteval.

Retraite sur le Mans. — Retraites parallèles.

Dans la soirée du 15, le général Chanzy qui avait annoncé le projet de défendre la ligne du Loir y renonçait sur les représentations des chefs de corps, et le lendemain l'armée battait en retraite sur le Mans.

Le Xe corps prussien s'établissait alors à Vendôme et surprenait un convoi près de Courtiras. Au nord l'action était plus sérieuse parce que l'amiral Jaurès, qui commandait le 21e corps, ignorant encore les dispositions prises par le général Chanzy, songeait à attaquer l'ennemi. Dès le matin il se portait à l'attaque de Morée et de Ruelle ; nos troupes parvenaient même jusqu'à 200 pas de Morée, d'où elles étaient repoussées par la 22e division unie aux Bavarois. Sur ces entrefaites l'ordre de battre en retraite étant parvenu au 21e corps, l'amiral abandonnait l'attaque.

La retraite sur Vendôme et le Mans est un exemple remarquable des retraites, dites parallèles parce qu'elles se font parallèlement au front d'opérations. Elle eut pour résultat d'empêcher l'ennemi de s'étendre au sud de la Loire et d'occuper Bourges, comme cela était entré dans ses projets. Au début de la campagne une retraite semblable opérée par l'armée du Rhin parallèlement à la ligne des Vosges eût empêché longtemps la marche des Allemands sur Paris, et eût empêché la désorganisation des services produite pour l'investissement de la capitale.

Depuis le 5 décembre, l'armée allemande avait perdu par le feu 4,500 hommes tués ou blessés. Un fait indique combien la résistance avait été acharnée, c'est que la proportion des morts aux blessés, que nous avons vue de $\frac{1}{5}$ aux grandes batailles sous Metz, était ici de $\frac{1}{3{,}5}$, et que pour les morts il y en avait $\frac{1}{10}$ dans les officiers.

Pendant tous ces événements d'autres faits s'étaient passés à l'occident, qui semblaient annoncer un projet d'offensive de la part des troupes françaises repliées à Salbris et Bourges. C'est ainsi que le 15, la 14e brigade de cavalerie avait été obligée d'évacuer Vierzon non sans pertes; le 15, les Allemands cantonnés à Gien étaient attaqués par des forces supérieures. Pour parer à l'imminence d'une attaque le prince n'avait que le 1er corps bavarois, qui avait rétrogradé sur Orléans. Provisoirement ce corps recevait l'ordre de prendre une position défensive autour de la ville, et, le 16, le IIIe et le IXe corps recevaient l'ordre de marcher en toute hâte sur Orléans. Le IXe corps y arrivait en deux jours. Il avait en 24 heures parcouru plus de 78 kilomètres par un temps affreux. Le IIIe corps et la 6e division de cavalerie s'arrêtaient aux environs de Baugency. Il ne restait donc devant le général Chanzy que la subdivision d'armée du grand-duc, le Xe corps et la 1re division de cavalerie.

TABLE DES MATIÈRES

PLANCHES

FIN DU DEUXIÈME VOLUME.

Paris. — Imprimerie L. BAUDOIN, rue Christine, n. 2.

ENVIRONS DE PARIS

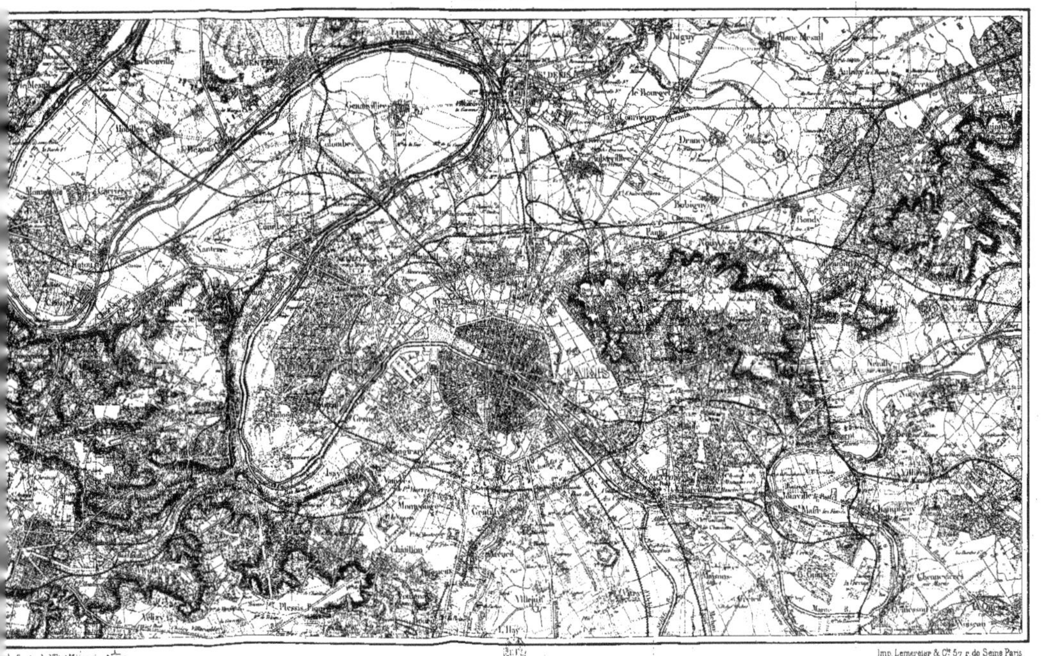

la Carte de l'Etat Major à $\frac{1}{80,000}$

Imp. Lemercier & Cie 57 r. de Seine Paris

ENVIRONS D'ORLÉANS

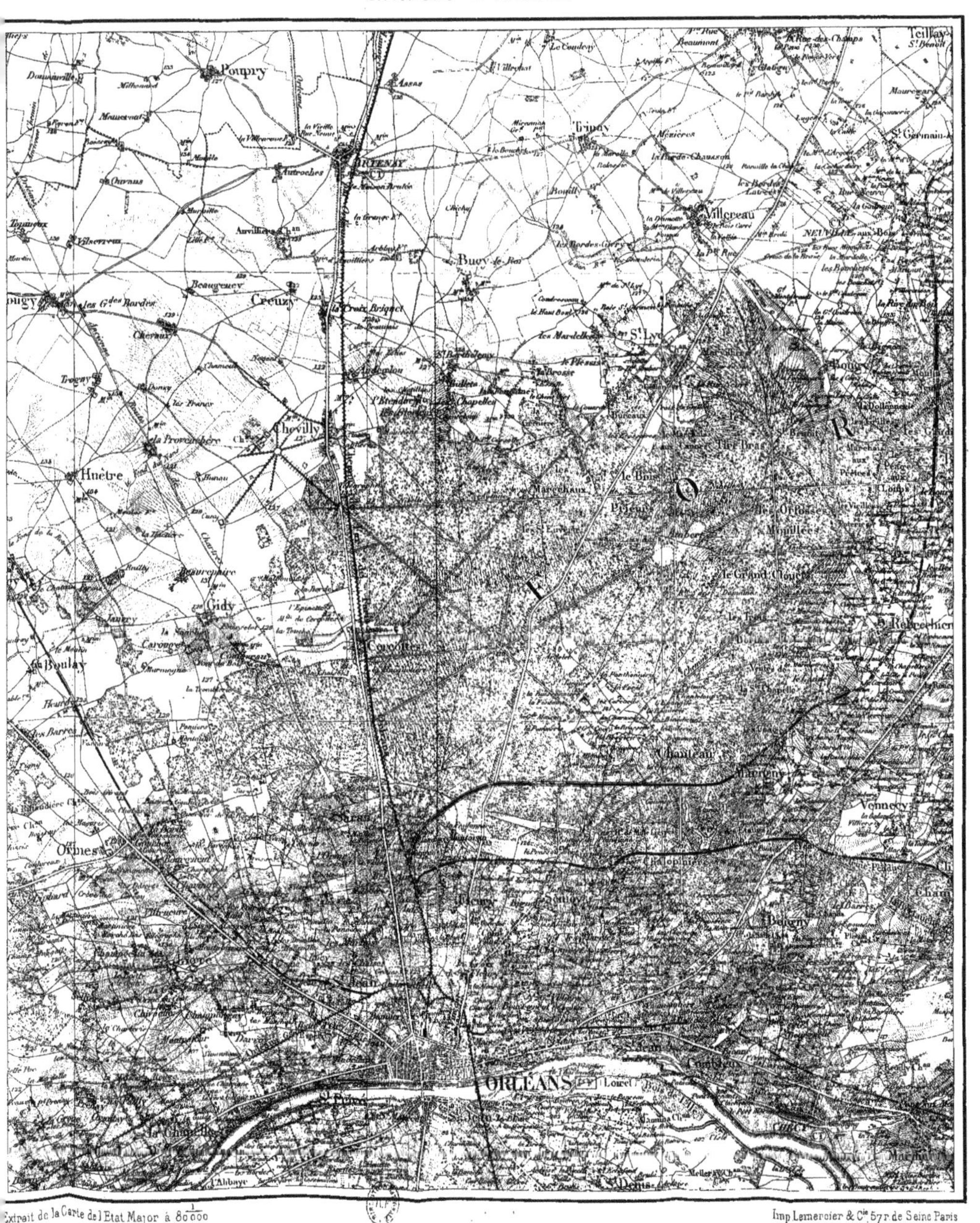

Extrait de la Carte de l'Etat Major à $\frac{1}{80000}$

Imp. Lemercier & Cie. 57 r. de Seine Paris

COULMIERS, VILLORCEAU, BEAUMONT, CRAVANT

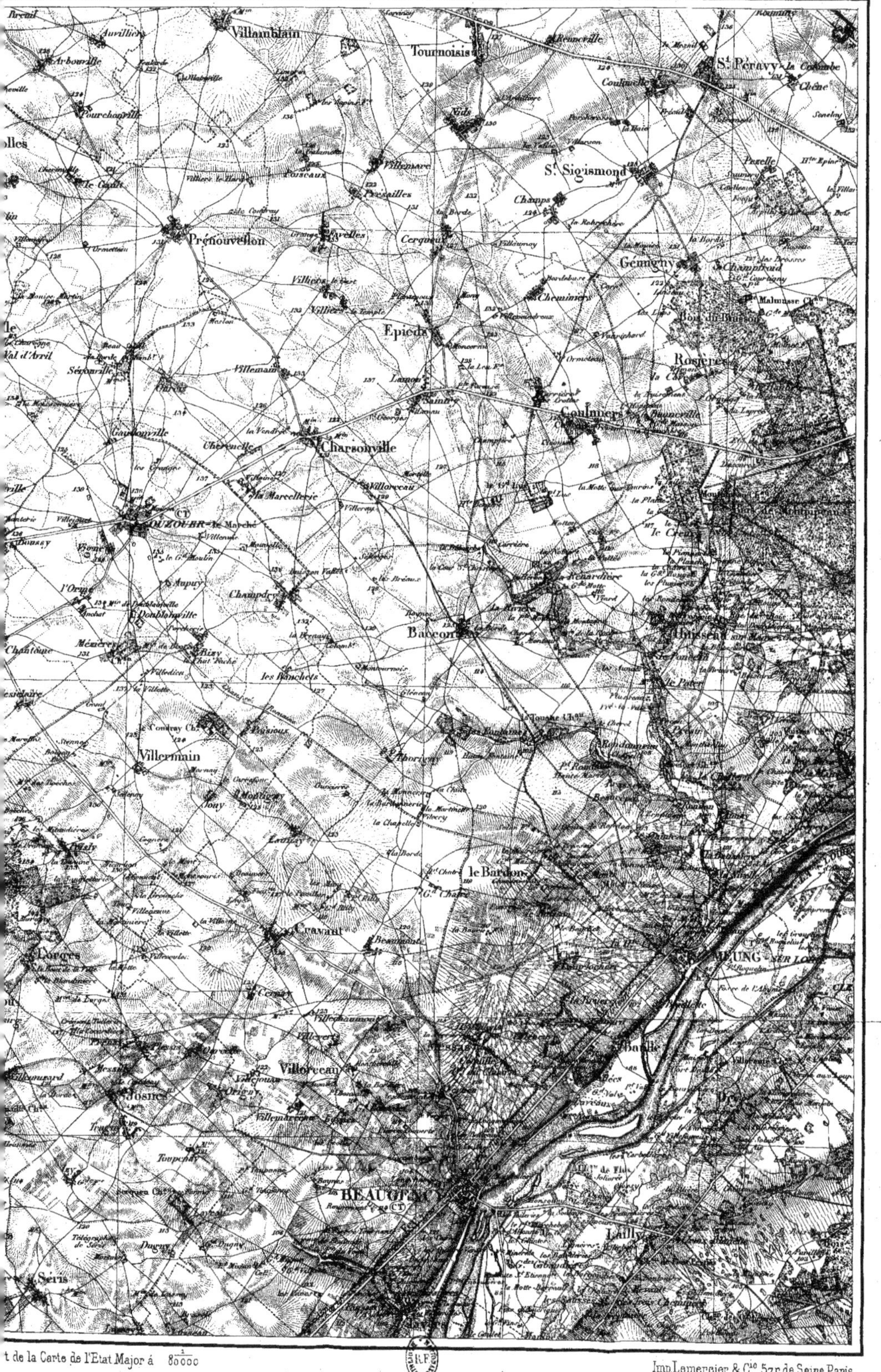

t de la Carte de l'Etat Major á $\frac{1}{80000}$

Imp. Lemercier & Cie. 57 r. de Seine. Paris.

BEAUNE LA ROLANDE

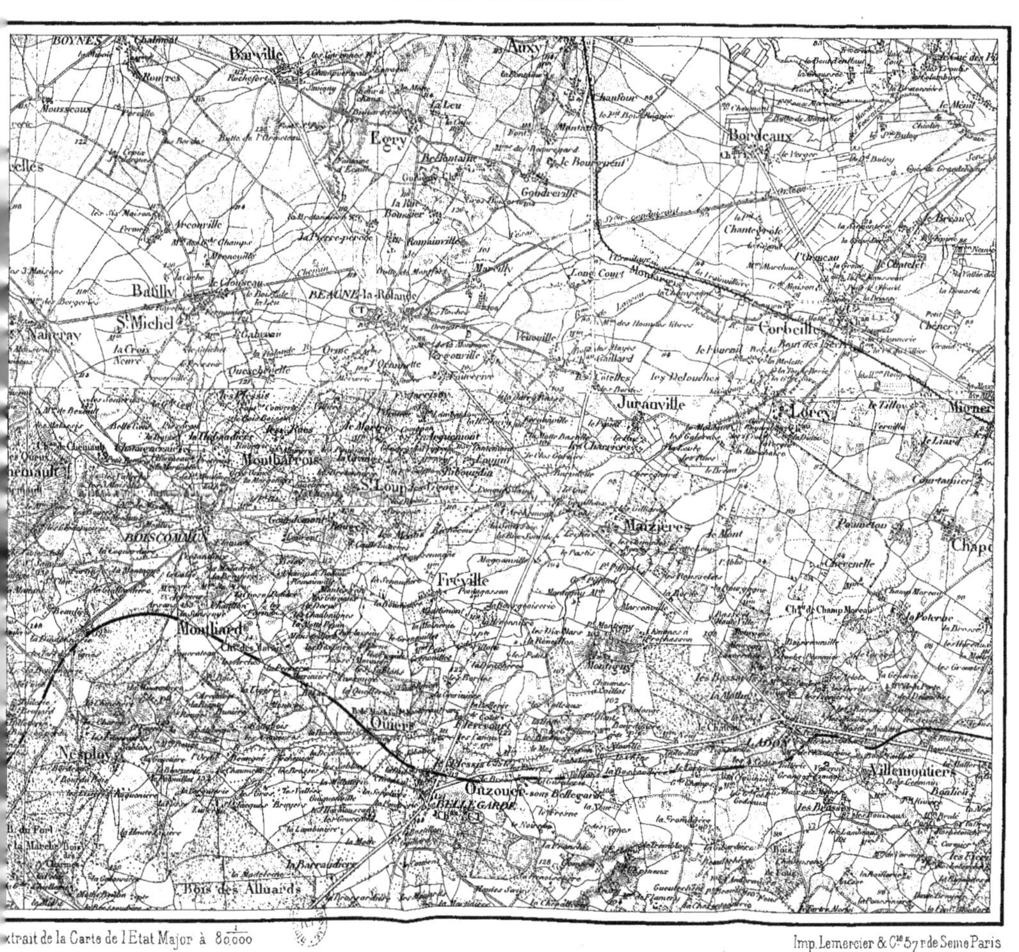

Extrait de la Carte de l'Etat Major à $\frac{1}{80,000}$

Imp. Lemercier & C.ie 57 r de Seine Paris

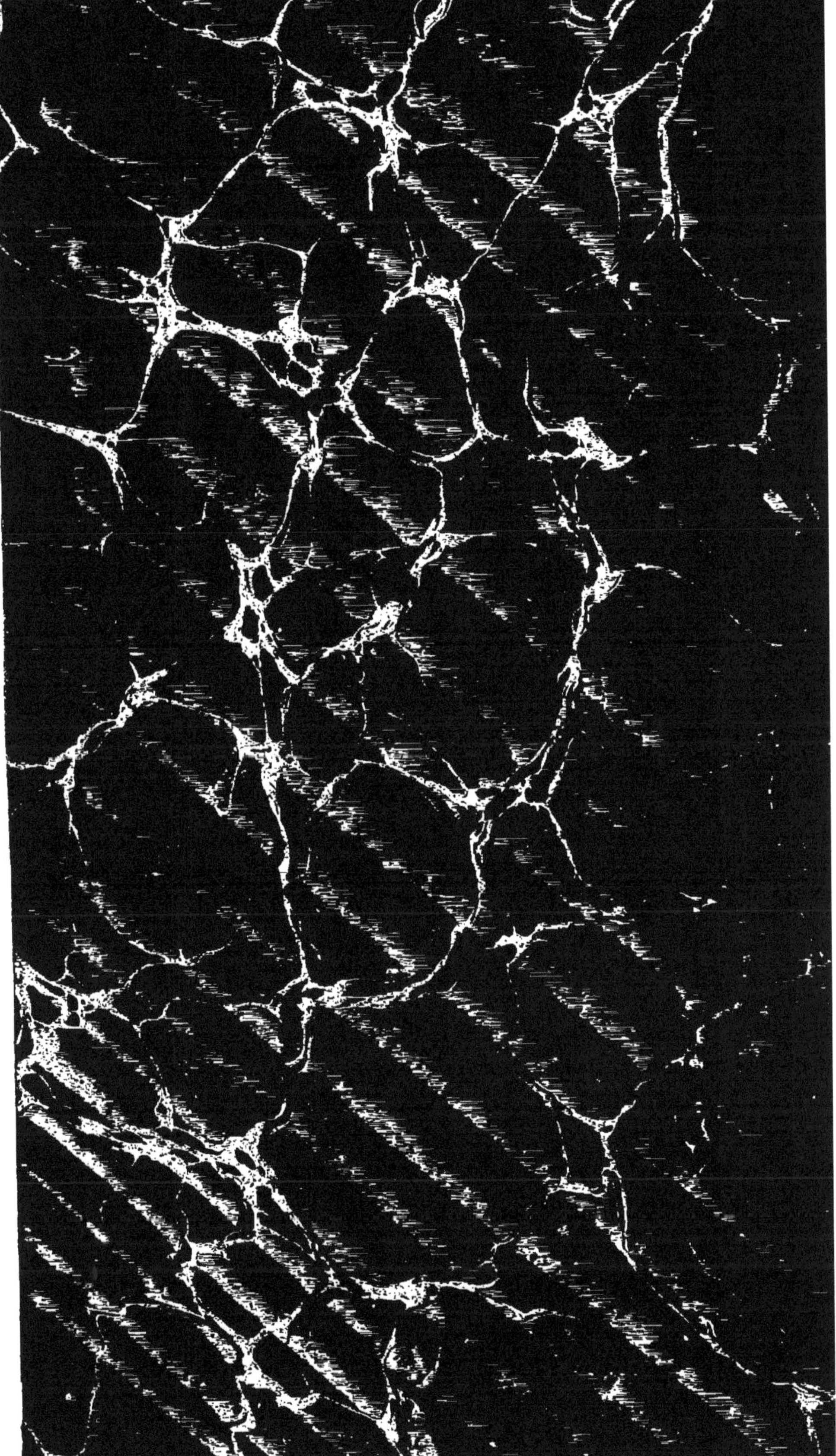

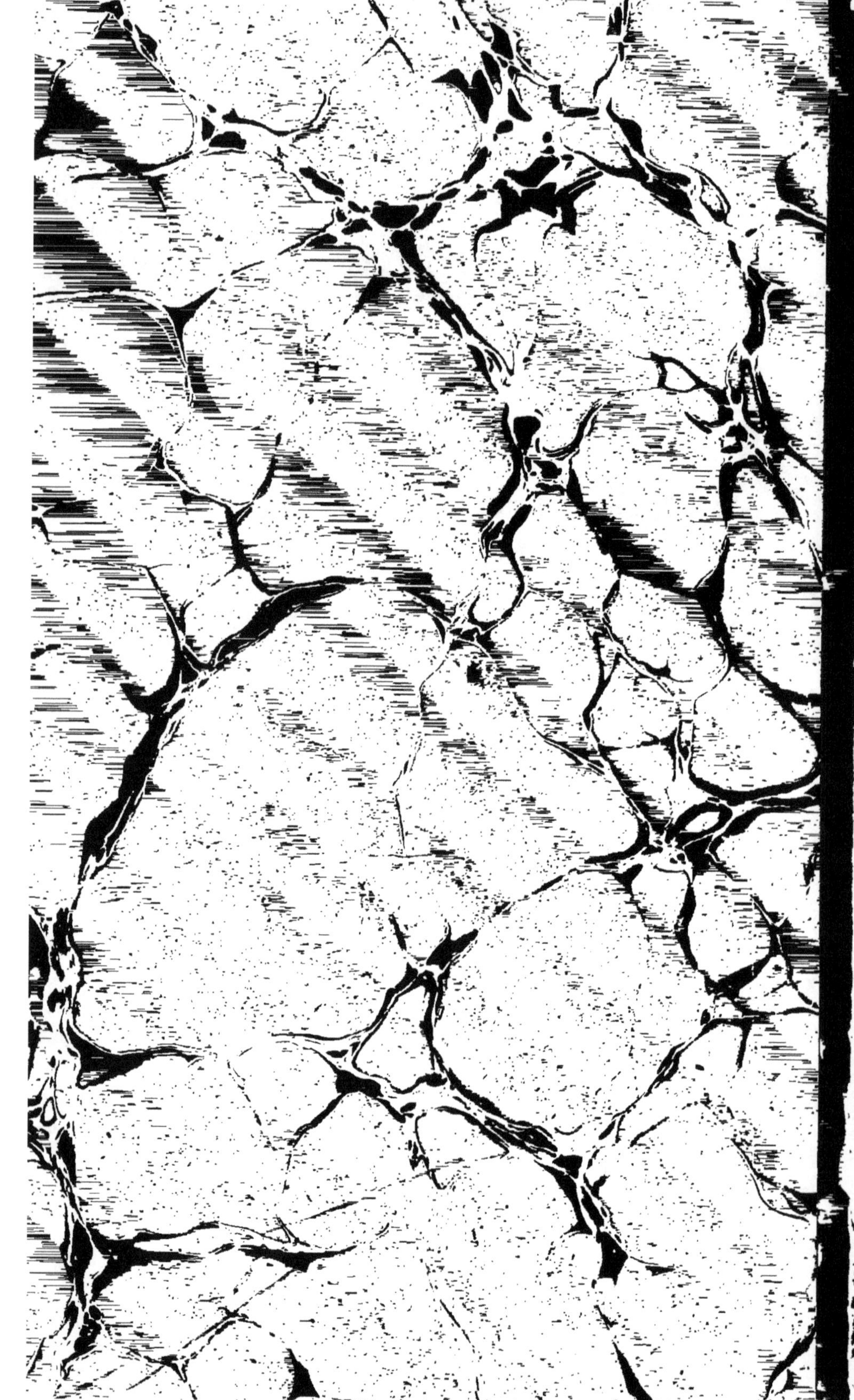

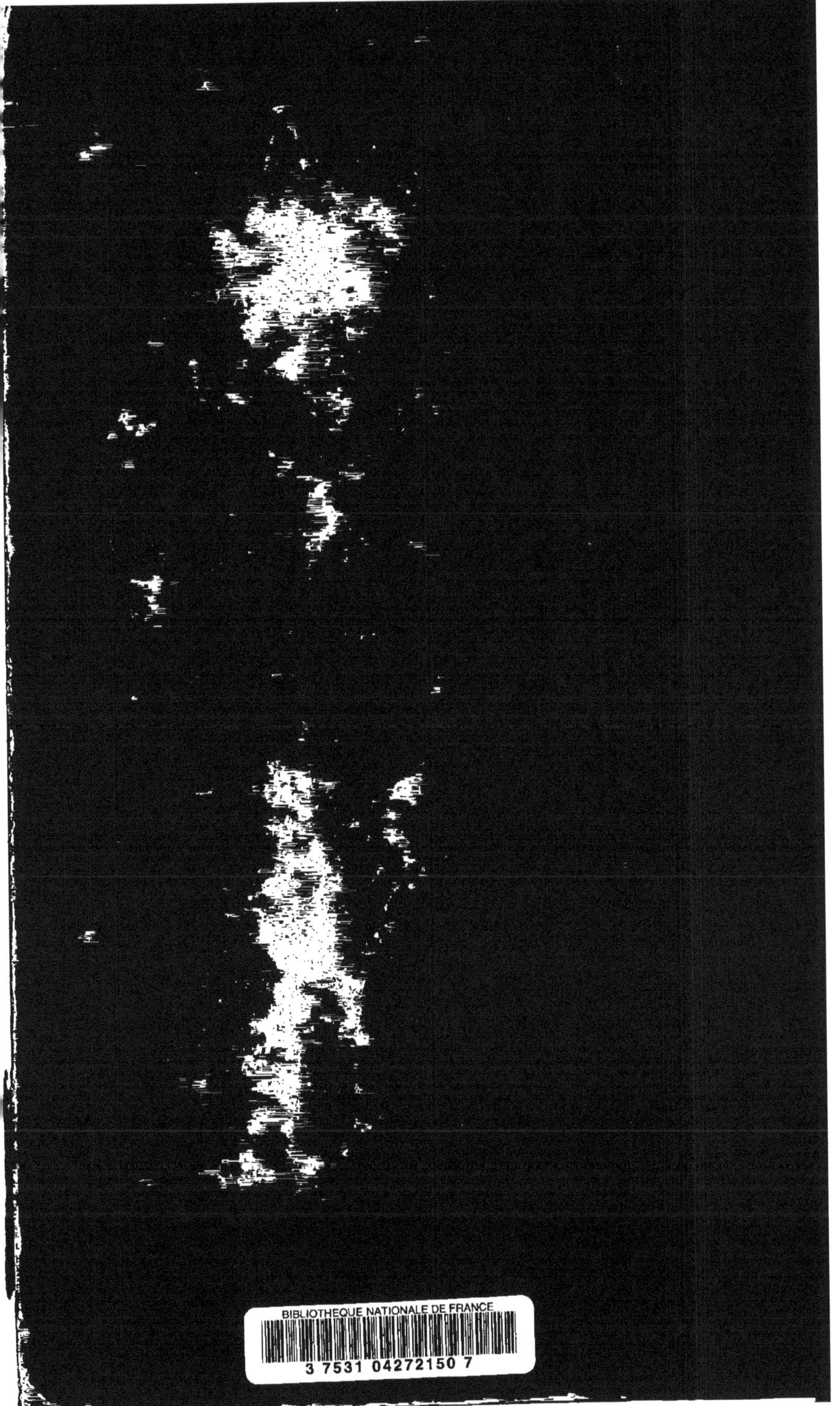

www.ingramcontent.com/pod-product-compliance
Ingram Content Group UK Ltd.
Pitfield, Milton Keynes, MK11 3LW, UK
UKHW020206250726
13967UKWH00003B/1306